Vandana Shiva

반다나 시바, 상처받은 지구를 위로해

내가 **꿈꾸는 사람** _ 환경 운동가

Vandana Shiva

반다나 시바,
상처받은
지구를 위로해

| 초판 1쇄 | 2022년 02월 22일 |
| 초판 2쇄 | 2023년 06월 05일 |

| 지은이 | 최형미 |

책임편집	신정선, 임나윤
마케팅	강백산, 강지연
표지디자인	권석연
본문디자인	김태수
표지사진	Getty Images
사진제공	위키피디아, 셔터스톡

펴낸이	이재일
펴낸곳	토토북
주소	04034 서울시 마포구 양화로11길 18 3층 (서교동, 원오빌딩)
전화	02-332-6255
팩스	02-6919-2854
홈페이지	www.totobook.com
전자우편	totobooks@hanmail.net
출판등록	2002년 5월 30일 제10-2394호
ISBN	978-89-6496-470-5 44990

ⓒ 최형미 2022

내가 **꿈**꾸는 **사람** _ 환경 운동가

Vandana Shiva

반다나 시바, 상처받은 지구를 위로해

최형미 지음

티움

에코페미니스트,
반다나 시바를 만난다는 것

환경 운동가, 식량 주권 운동가, 에코페미니스트이자 세계화 반대 운동가인 반다나 시바를 처음 만난 건 2014년 여름이었어요. 인도네시아, 인도, 호주 그리고 한국에서 온 8명의 참가자들은 반다나 시바와 함께 씨앗 순례 여행을 하게 되었는데요, 자바섬을 9일간 횡단하며 씨앗이 기업의 사유 재산이 되는 것을 막기 위한 강연을 다니는 것이었어요.

반다나는 다양한 사람들을 만났어요. 그때마다 이야기 내용도 목소리 톤도 달라졌지요. "체면을 차리느라 질문도 솔직하게 못하는가?" 하고 날카롭게 공무원을 비판하는가 하면, 아이들에게는 "너희들은 마을 사람들의 이야기를 글로 적어 더 많은 사람에게 알려야 한단다."라며 할머니처럼 다정하게 이야기해 주었어요. 농부들에게는 존경을 표하며 그들의 말에 귀 기울였어요.

자카르타에서 비행기를 타고, 또다시 5시간 동안 승합차를 타고 케디리 시골 마을로 향할 때 문득 궁금해졌어요. "선생님은 연구실에서 책을 쓰며 할 일도 많은데, 왜 힘들게 먼 곳까지 직접 다니세요?" 내 물음에 반다나는 미소 지으며 대답했어요. "농부가 나의 스승이기 때문이에요. 현장에 가야 제대로 배울 수 있어요." 반다나는 사람들과의 연결과 소통을 중요하게 여기는 현장 운동가였어요.

씨앗 순례 여행 중에 강연하는 반다나의 모습은 카리스마 넘쳤어요. 그의 지식은 방대했고, 그가 사용하는 말들은 시적이면서도 명확하고 힘이 있었어요. '기업의, 기업을 위한, 기업에 의한 국가'라는 패러디로 국가의 문제점을 지적하고, '발전 근본주의'라는 말로 경제적 발전이 우리 사회의 절대적 목표가 될 수 없음을 이야기했어요. 씨앗을 기업의 사유물로 만들려는 GMO 산업에 맞서 토종 씨앗을 반드시 지켜야 하는 이유에 대해서도 설명했어요. 녹색 혁명으로 인해 30만 명의 농부가 자살한 인도의 이야기를 하며 가슴 아파하는 모습에서 농부들에게 그런 일이 다시는 일어나지 않게 하려는 깊은 사랑이 느껴졌어요.

반다나 시바를 쉬운 말로 소개하는 것은 불가능하다고 말하는 이들도 있어요. 하지만 반다나는 엘리트들만이 이해하는 어려운 말을 사용하지 않아요. 그의 사상은 넓고 깊지만 반다나는 누구와도 쉽게 소통할 수 있는 언어를 알고 있었어요. 평생을 농부와 지역 여성과 소통해 왔기 때문일 거예요.

반다나 시바를 직접 만나고 난 후, 그에 대해 더 알고 싶어졌어요. 그래서 그에 관한 책을 읽고, 동영상 강연을 찾아 들었죠. 가슴에 따뜻한 바람이 일었어요. 그의 활동과 사상의 여정을 더 많은 사람에게 들려주고 싶었어요.

오랜 작업이지만 끝까지 함께한 탐 출판사에 감사드립니다. 글을 쓰고 연구할 수 있도록 언제나 소소한 일상을 소중하게 지켜 온 나의 연인, 나의 남편 장형철 박사 그리고 사랑하는 동생이자 든든한 동지인 최형광(명재)에게 감사합니다. 여전히 동화를 읽어 주던 엄마의 목소리를 기억한다는 경은, 경재가 이번에는 엄마의 글을 읽어 주길 바라며…….

옥탑 연구실에서

댄싱히포, 최형미

1

Vandana Shiva

숲에서 자라
다시 숲으로

히말라야 숲에서 농부의 딸로 자라다

지난 20년 동안 나의 활동을 이끌어 왔던 것은
네 가지 열정이었다. 그것은 지식에 대한 탐구,
자유에 대한 갈망, 정의에 대한 관심,
자연에 대한 깊은 사랑과 존경이었다.

반다나 시바 '바른생활상' 수상 연설 중에서(1993)

에코페미니즘을 세계에 알린 대표적인 사상가인 반다나 시바. 2010년 미국 경제 전문지 《포브스》는 그를 세계에서 가장 영향력 있는 7명의 여성 중 한 명으로 선정했어요. 반다나 시바가 이렇게 큰 영향력을 가진 사람으로 성장할 수 있었던 원동력은 무엇이었을까요? 그의 어린 시절부터 차근차근 살펴보기로 해요.

반다나 시바, 상처받은 지구를 위로해

성을 스스로 택한 부모님

반다나는 1952년 11월 5일, 인도에서도 가장 북쪽에 있는 우타라칸드주Uttarakhand의 주도 데라둔Dehradun에서 태어났어요. 인도가 영국의 오랜 식민지로부터 독립한 지 5년째 되던 해였지요. 우타라칸드주는 북쪽으로는 중국 티베트(시짱) 자치구, 동쪽으로는 네팔과 접해 있어요. 장엄한 히말라야산맥이 가로지르고 있고, 많은 힌두교 신전이 있어서 '신들의 땅'이라고도 불리는 곳이죠. 그곳에서 태어난 반다나의 이름도 신과 연관이 있었어요.

"인도에서는 상대방의 성을 알면 어느 지역의 출신이고 계급이 무엇인지 단박에 알 수 있어요. 카스트 제도 때문이에요. 계급이 다른 사람들끼리는 결혼을 못 하고, 함께 음식도 먹지 않아요. 우

인도의 카스트 제도

인도 특유의 사회 계급 제도로 인도인들은 태어나면서 각 카스트에 속하게 돼요. 계급은 브라만, 크샤트리아, 바이샤, 수드라로 나뉘는데 이에 속하지 않는 이들은 '불가촉천민'이라고 불려요. '접촉할 수 없는 천민'이란 뜻이에요.

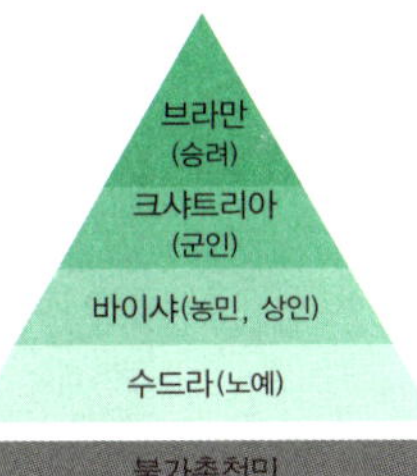

숲에서 자라다시 숲으로

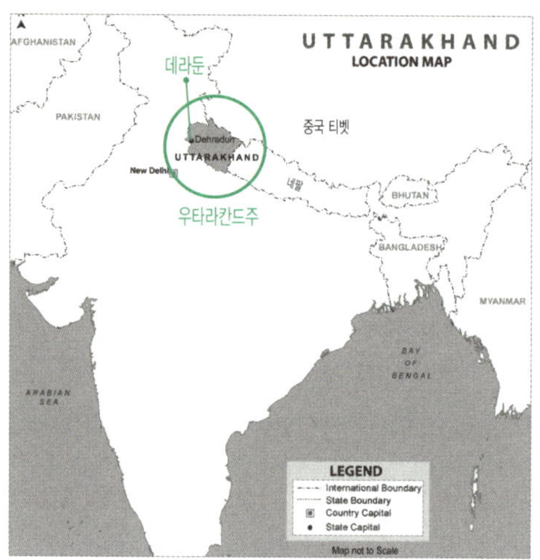

반다나가 태어난 인도 우타라칸드주의 주도 '데라둔'

힌두교의 3대 신 중 하나인 '시바'

반다나 시바, 상처받은 지구를 위로해

리 부모님은 사람을 차별하는 카스트 제도에 반대했어요. 그래서 카스트 계급이 드러나지 않는 성을 스스로 선택했는데, 그게 바로 '시바'라는 성이에요."

'시바'는 비슈누, 브라흐마와 함께 힌두교의 3대 신 중 하나예요. 시바는 굉장히 다양한 이름으로 불리고, 의미도 다양한데 '파괴의 신'이면서 동시에 '창조의 신'으로 일컬어지기도 해요. 인도에는 불교, 자이나교, 시크교 등 다양한 종교가 있지만, 특히 힌두교는 역사도 오래되고 많은 사람들이 믿고 있었지요. 그래서 시바는 인도인들에게도 잘 알려진 신이었어요. 그런 신의 이름을 성으로 선택한 부모님이 꽤 멋지지 않나요?

이렇게 사회 부조리에 순응하는 대신 소신 있는 삶을 살아가는 부모님 뒤에는 반항적인 기질을 고스란히 물려준 할아버지가 있었어요. 할아버지는 여성의 권리를 열렬히 지지하는 페미니스트였어요. 당시 인도의 일부 민족주의자•남성들은 국가 개혁을 위해 여성 해방과 성 평등을 중요하게 여겼어요.

"고리타분한 가부장적 사회는 여성의 학습권을 부정하고 있소. 우리가 먼저 바뀌 가야 합니다! 우리 지역에 여자아이들을 위한 학교를 만듭시다! 여자아이들이 다닐 수 있는 대학교를 말이오!"

"딸들은 결혼해서 아이 낳고 살림하는 게 전부인데, 적당히 글만 알면 됐지, 굳이 대학교에 가야 하오?"

"그렇지 않소. 여자아이도 배울 권리가 있습니다! 여성이 교육을 받아야 나라가 성장합니다. 우리 함께 목소리를 모아 봅시다!"

할아버지는 여자아이들을 위한 교육 환경 마련에 평생을 바쳤어요. 단식을 하면서까지 대학교 설립을 요구하고 나섰지요. 그러다 건강이 악화되어 1956년에 세상을 떠나셨어요. 안타깝게도 할아버지가 돌아가신 다음 날, 대학교 설립 허가가 났어요. 당시 네 살이었던 반다나는 그날을 똑똑히 기억해요.

"자전거를 타고 온 우편집배원이 정부의 대학 설립 승인 서류를 가져다줬어요. 그렇지만 한발 늦었죠. 할아버지는 이미 이 세상에 계시지 않았으니까요. 하지만 결국 할아버지가 이기신 거예요. 안타깝게도 그걸 보진 못하셨지만……."

이런 부모님과 할아버지의 모습이 어린 반다나에게 어떠한 영향을 미쳤을지 충분히 짐작할 수 있겠지요?

반다나 시바, 상처받은 지구를 위로해

자연을 사랑하는 마음을 물려준 아버지

숲은 모든 생명체가 자기 모습을 올곧이 간직하며 자랄 수 있게 해 주지요. 특히 반다나가 태어나고 자란 히말라야 숲에는 온갖 종류의 야생화가 피어나고, 울창한 나무들이 하늘을 향해 높이 뻗어 있었어요.

반다나의 아버지 라주지Rajuji는 영국군에서 복무했었어요. 결혼 후에 어머니의 설득으로 아버지는 군대에서 나와 정부에서 일하는 산림 보호사가 됐어요. 그래서 반다나 가족은 숲에서 살다시피 했어요. 반다나는 쿨딥Kuldip 오빠와 미라Mira 언니와 함께 온종일 숲에서 놀았어요. 언니와 야생화와 나뭇잎을 모아서 그럴듯한 예술 작품을 만들기도 했지요.

1960년대 반다나의 고향 숲에는 큰 도로가 거의 없었어요. 그래서 말을 타거나 걷는 일이 많았죠.

"하루에 70킬로미터를 걸어서 여행한 적도 있어요. 숲길을 온종일 걷다 보니 숲과 친밀해질 수밖에 없었어요."

숲에서 보내는 시간이 많았던 만큼 반다나는 숲과 교감하며 자랐어요.

"깨끗한 물, 씨앗 그리고 자연 그 자체가 가장 좋은 스승이지요. 저의 생태적 여행은 히말라야 숲에서 시작됐어요. 히말라야 숲에서 저는 생태에 대한 모든 것을 배웠어요."

숲을 무척 사랑하는 반다나였지만, 십 대 시절 숲에서는 친구를 만날 수가 없어서 갑갑했어요.

어느 날, 화가 난 반다나가 아버지에게 소리쳤어요.

"아버지도 아시잖아요. 우린 아버지 때문에 숲으로 왔는데, 친구들은 전부 디스코텍에 있단 말이에요!"

"얘야, 너도 디스코텍에 가고 싶니? 데려다주마. 차에 타렴."

아버지는 야단을 치는 대신 차를 몰고 델리 시내에 있는 디스코텍으로 반다나와 언니를 데려다주었어요. 둘은 디스코텍이 있는 어두컴컴한 지하로 조심스럽게 내려갔지요. 그로부터 5분 뒤, 반다나는 큰 소리로 외쳤답니다.

"세상에! 여긴 너무 지루하잖아. 숲이 훨씬 더 신나!"

반다나는 지금도 이때의 기억을 떠올리며 웃곤 한답니다. 아버지와 함께 숲에서 보낸 시간은 반다나에게 많은 영향을 주었어요.

"아버지와 간디가 나를 환경 운동가의 길로 이끌었어요. 아버지는 산림 보호사였지만 진정한 생태 운동가이기도 했죠. 아버지는 제게 자연을 사랑하는 마음을 물려주었고, 간디는 제게 비폭력 투쟁이 위대한 승리를 가져온다는 확신을 가르쳐 줬어요."

반다나 시바, 상처받은 지구를 위로해

평화를 사랑한 여성 농부, 어머니

반다나의 어머니 자그비르 카우르Jagbir Kaur는 어떤 분이었을까요? 반다나는 사람들에게 어머니를 '여성 농부'라고 소개해요. 대개 농사짓는 여성을 농부라고 부르지는 않죠? 그저 남편의 농사일을 거드는 보조자로 여길 뿐이지요. 하지만 반다나는 여성이 농업에서 매우 중요한 역할을 해 왔다고 말해요.

"여성 농부들은 오래전부터 씨앗, 생물 다양성, 영양에 관해 폭넓은 지식을 갖고 있었어요. 한 해 농사 계획을 세우고, 수확물을 거두고, 가족이 먹을 음식을 만들어 식탁에 올리고, 생존에 필요한 식량을 보관하기까지 여성들의 지식은 곳곳에 영향을 미쳤지요. 또 여성들은 자연의 법칙, 생태학의 법칙에 따라 농사를 지어요. 학교에 다니지 않아도 여성들은 일상 속에서 어머니와 할머니에게서 많은 지혜를 배웠어요.

우리 어머니도 그러셨지요. 어머니는 아주 지적인 농부였답니다. 어머니는 앞마당과 뒷마당에 여러 농작물을 같이 길러서 해충을 막기도 하고, 좋은 씨앗을 받아 보관하기도 했어요. 어머니가 모아 놓은 탐스러운 종자를 바라볼 때면 마냥 기뻤어요."

그리고 반다나의 온 가족이 어머니를 도와 소젖을 짜거나 과일을 따고 콩을 길렀어요. 어머니는 아이들에게 직접 지은 시와 노

숲에서 자라다시 숲으로

래를 자주 불러 주곤 했는데 대부분 나무와 숲 열매, 인도의 숲 문명에 관한 것이었어요.

반다나의 어머니는 히말라야 숲으로 들어오기 전에 현재 파키스탄 동북부 펀자브Punjab의 주도 라호르Lahore에서 교육부 소속 학교 장학관으로 일했답니다. 엄마는 지역 사회에서 최초로 고등 교육을 받은 여성이었어요. 그런데 어머니는 무슨 까닭으로 숲으로 들어와 살게 되었을까요? 그 배경에는 인도의 아픈 역사 이야기가 있어요.

제2차 세계 대전이 끝나고 1947년에 인도는 영국의 식민 지배로부터 독립했어요. 사람들 모두 뛸 듯이 기뻐했고, 세상은 온통 자유와 평화에 대한 희망으로 가득 차 있었죠. 하지만 그것도 잠시, 다시 인도에서 종교 전쟁이 일어났어요. 이슬람을 믿는 무슬림들과 힌두교인들 사이의 갈등이 커졌고, 결국 이슬람을 믿는 지역은 신생 국가인 파키스탄으로 독립하게 되었답니다. 이때 이슬람교도가 많은 펀자브 서부는 파키스탄으로, 힌두교도와 시크교도가 많은 펀자브 동부는 인도로 편입됐어요.

비극은 여기서 끝나지 않았어요. 인도와 중국, 파키스탄의 경계에 있는 산악 지대인 카슈미르Kashmir가 가장 심각한 분쟁 지역이었는데, 그곳은 무슬림이 대부분이었어요. 그러니 많은 이들이 파키스탄에 편입되길 바랐지만, 힌두교도인 카슈미르의 지도자 하리

싱Hari Singh은 자신의 힘을 이용해 인도 편입을 일방적으로 결정해 버렸어요.

어머니는 반다나에게 당시 상황을 이렇게 들려줬어요.

"사람들은 분노했고, 폭동을 일으켰단다. 그러자 정부는 군인을 동원해서 무슬림들을 죽였어. 무슬림들은 화가 나서 무력으로 저항했고, 싸움이 오래 지속되면서 양쪽 모두 많은 이들이 죽어 갔단다. 이후 나는 고향을 잃고 어디에도 갈 수 없었어. 하루아침에 난민이 된 거야. 그래서 전쟁이 없는 히말라야로 들어오게 된 거란다."

전쟁에서 이기는 사람은 아무도 없어요. 가족을 잃고, 집이 무너지고 땅은 황폐해지기 마련이죠. 남겨진 것은 가난과 누구를 향해야 할지 모르는 원망, 그리고 돌이킬 수 없는 후회뿐이에요. 반다나의 어머니는 종교 갈등 때문에 벌어진 전쟁을 보면서 마음 아파했고, 히말라야로 들어와 농부가 되었답니다.

직장을 그만둔 어머니는 자유롭게 삶을 개척해 나갔어요. 아버지가 근무지를 옮길 때마다 어머니는 그 지역의 시인, 사회 운동가, 사회 사업가들을 찾아다녔어요. 어린 반다나의 눈에 그들은 멋져 보였고, 그들과 어울리는 어머니가 무척 대단해 보였죠. 반다나 형제들은 일찌감치 이들에 둘러싸여 자랐어요.

당시 인도에는 '페미니스트'라는 용어가 잘 알려지지 않았지만,

숲에서 자라다시 숲으로

반다나는 부모님이 페미니스트였다고 이야기해요.

"어느 날 낡은 여행 가방을 치우려는데 전쟁 당시 어머니가 쓴 노트를 발견했어요. 거기엔 여성들이 세상에 어떻게 평화를 가져올 수 있는지 쓰여 있었어요. 또 남성들의 탐욕이 분쟁을 만들어 냈다고도 적혀 있었어요. 저는 어머니가 시대를 앞서가는 페미니스트라는 것을 알았어요. 어머니는 우리 자매가 여자라는 이유로 스스로를 억압하면서 살아야 한다는 걸 전혀 느끼지 못하게 저희를 키우셨어요. 왜냐하면 어머니가 그런 압박감을 스스로 없애기 위해 일생을 바쳤기 때문이죠."

부모님의 이런 사고방식과 행동이 반다나 형제에게 그대로 스며들었어요.

"부모님은 이루 말할 수 없는 수많은 가치를 알려 주셨어요. 삶을 통찰하는 방법도 부모님께 배웠죠. 두 분은 '네가 양심에 따라 산다면 두려워할 이유가 전혀 없다.'고 말씀하시곤 했어요."

반다나는 부모님의 영향으로 머리로 계산하지 않고 양심에서 나오는 소리를 따라 주저 없이 앞으로 나아갈 수 있었어요.

반다나 시바, 상처받은 지구를 위로해

어린 시절부터 지속된 간디의 영향

반다나의 어머니는 인도의 사상가 '간디' 추종자예요. 어머니 덕분에 반다나 역시 어린 시절부터 간디의 영향을 많이 받았는데요. 나중엔 인도 농민으로부터 '새천년의 간디'라는 영광스런 칭호를 얻기도 했어요.

간디는 '비폭력 불복종' 운동을 전개해 인도의 독립을 이끈 인물이에요. 상대에게 폭력을 쓰지 않고, 복종하지도 않으며 끝까지 자기 목적을 관철하는 것은 어려운 일이죠. 여러분은 간디를 생각하면 어떤 모습이 떠오르나요? 아마도 천을 두른 앙상한 몸으로 물레를 돌리고 있는 모습일 거예요. 간디는 영국에서 들여오는 값싼 대량 생산 직물이 인도의 면직 산업을 붕괴시킬 것을 우려해 직접 물레를 돌려 옷을 지어 입었어요. 사람들이 값싼 수입 면직물만 구입하면 인도의 면직물 기술자가 사라질 테고, 면화 농장도 자취를 감출 테니까요.

전통 방식의 천 짜기는 시간이 오래 걸리긴 하지만 누구든 필요한 만큼의 옷을 만들 수 있어요. 옷감을 구하려고 다른 나라에 의존하지 않아도 되고요. 간디가 물레 앞에 앉아 있는 모습은 영국산 옷을 거부하고 자급자족을 강조한 의미로 간디의 대표적 이미지로 알려져 있지요. 반다나의 어머니는 이런 간디의 사상을 충실

숲에서 자라다시 숲으로

물레를 돌리는 간디의 모습은 비폭력 불복종 운동의 상징이기도 해요.

히 실천하고자 가족에게 물레를 돌려 만든 옷만 입혔어요.

반다나가 여섯 살 때의 일이에요. 가족이 다 모인 저녁 식사 자리에서 어머니가 반다나에게 물었어요.

"얘야, 곧 있으면 네 생일인데 생일 선물로 무엇을 받고 싶니?"

"요즘 친구들이 입고 다니는 예쁜 코트가 갖고 싶어요."

당시 인도에서는 합성 섬유로 만든 옷이 유행이었어요. 가격이 저렴해서 많은 사람이 입고 다녔죠. 게다가 합성 섬유는 색깔도 화려하고 무늬도 다양했답니다. 어린 반다나의 눈에도 그 옷이 예뻐 보였어요. 반다나가 원하는 선물을 들은 어머니는 이렇게 말씀하셨어요.

"반다나, 네가 원하는 코트를 사 주는 것은 어렵지 않단다. 하지만 이걸 기억해 주겠니? 우리가 코트 값으로 낸 돈이 부자들의 주머니로 들어가서 고급 차가 된다는 사실을 말이야. 그런데 네가 사람들이 직접 짠 옷을 계속 입으면 어딘가에서 가난하게 사는 어머니와 아이의 밥이 된단다. 자, 네가 결정하렴."

어린 반다나는 아무 말도 할 수 없었어요. 어머니의 말을 모두 이해할 수는 없었지만, 무엇을 사서 입는 일이 다른 사람들의 삶과도 관련이 있음을 어렴풋이 알 수 있었어요.

그런데 며칠 후 반다나가 입고 싶어 하던 코트를 할머니가 사 오셨어요. 할머니들은 손녀들이 원하는 건 뭐든지 해 주고 싶어 하

숲에서 자라다시 숲으로

잖아요. 그런데 반다나가 할머니에게 뭐라고 말했는지 아세요?

"할머니, 감사합니다. 저는 이 옷이 정말 입고 싶었어요. 그런데 지금은 마음이 바뀌었어요. 저는 물레로 지어 만든 사리•를 입을래요. 그러면 가난한 누군가가 굶지 않아도 되잖아요."

이렇게 말하면서 어린 반다나는 가슴이 콩닥콩닥 뛰었대요. 제멋대로 뛰어다니는 메뚜기가 된 기분이 들기도 했대요. 이것이 반다나가 기억하는 최초의 저항이랍니다. 반다나는 이후에도 물레를 돌려 만든 사리만 입고 다녔고, 옳지 않다고 생각하는 일에는 "싫어요.", "안 돼요."라고 말할 수 있는 용기를 얻었어요.

• **사리** 한 장의 긴 천을 허리에 감고 어깨에 두르거나 머리에 덮어 쓰는 인도 문화권 여자들이 입는 전통 의상이에요.

사람을 살리는
과학자를 꿈꾸다

나는 생명을 멸절시키는 과학으로부터
생명을 지키는 과학으로 방향을 전환했다.

반다나 시바 저 《Soil Not Oil》 중에서

영국의 일간지 《가디언》은 반다나를 '세계에서 가장 뛰어나며 급진적인 과학자'로 꼽기도 했어요. 어렸을 적 그의 꿈은 물리학자였고, 열심히 노력한 결과 실제로 그 꿈을 이뤘어요. 하지만 전도유망한 현대 물리학자로 살아가는 대신 그는 고향 데라둔으로 돌아와 환경 운동에 뛰어들었어요. 무엇이 그의 인생을 바꿔 놓았을까요?

숲에서 자라다시 숲으로

아인슈타인을 바라보며 키운 과학자의 꿈

숲에서 자란 반다나는 자연에 대해 더 많이 알고 싶어 했어요.

"자연이 어떤 원리와 법칙에 의해 움직이는지 누구보다 잘 이해하고 싶었어요. 저에게 물리학은 바로 그것이었지요. 그런 갈망이 생기고서 열 살 때쯤 아인슈타인처럼 되고 싶었던 기억이 나요. 아인슈타인은 제 영웅이었거든요. 물론 물리학이나 과학자가 뭔지 정확히 잘 몰랐지만 말이죠."

아인슈타인은 간디와 더불어 반다나가 닮고 싶어 한 인물이에요. 반다나는 이따금 조각을 하는데, 그가 맨 처음 조각한 것이 바로 아인슈타인의 흉상이었어요. 그 흉상은 지금도 반다나의 책상에 놓여 있고, 여전히 그에게 영감을 준답니다.

그러나 아인슈타인이 애인들과 어울리며 바보짓을 하고, 아내에게 아주 심술궂게 굴었다는 얘기를 어렸을 때 알았더라면 지금처럼 그가 자신의 영웅은 아니었을 것 같다고 솔직히 고백해요.

어린 반다나는 아인슈타인을 동경하며 물리학자의 꿈을 키워 갔어요. 하지만 안타깝게도 그가 다녔던 우타라칸드주 나이니탈Nainital의 세인트메리학교와 데라둔의 예수와메리수도원에서는 높은 수준의 수학이나 물리학을 가르치지 않았어요. 그래서 반다나는 대학에 들어가기 위해 수학과 물리학을 혼자 공부해야만 했어

요. 그러나 학교생활은 즐거웠고, 친구들은 종종 반다나에게 시내
에 놀러 가자고 꼬드겼어요.

"시내에는 재밌는 게 정말 많아. 네온사인도 얼마나 화려한데!
반다나, 최근에 나온 음반도 구경하고 멋지게 차려입은 사람들도
보러 가자."

"어쩌지, 난 그런 게 시시해. 난 내 고향 숲이 좋아. 숲에 가면 신
기한 게 많아. 학교에 있어도 항상 숲이 궁금하고 숲에서 노는 게
더 즐거워."

참으로 못 말리는 반다나지요. 마침내 고등학교를 졸업한 반다
나는 자신이 원하던 대로 대학에서 물리학을 공부하게 된답니다.

주저없이 빠져든 핵물리학

반다나는 고향 데라둔에서 차로 4시간 정도 떨어진 찬디가르
Chandigarh에 있는 펀자브대학교 University of Punjab에 입학했어요. 1882
년에 세운 역사가 오래된 학교로 특히 과학 분야에서 명성이 높았
어요. 물리학을 열심히 공부한 반다나는 1973년에 졸업한 후, 뭄
바이(당시에는 '봄베이'로 불렸음)에 있는 바바원자력연구소Bhabha Atomic
Research Center에서 일하기 시작했어요. 1954년에 설립된 인도 최고

숲에서 자라 다시 숲으로

의 원자력 연구소인 그곳은 핵물리학, 공학 및 관련 분야를 모두
포괄하는 연구를 위한 시설이었죠.

반다나가 바바원자력연구소에 들어갔을 무렵, 인도 내에서 핵
무기에 관한 관심이 최고조에 이르렀어요. 인도는 지금 전 세계
몇 안 되는 핵무기 보유국 중 하나예요.

인도가 영국으로부터 독립했을 때는 국제 사회에 절대로 핵을
개발하지 않겠다고 선언했어요. 간디의 비폭력주의에 입각한 정
치적 노선을 충실히 따랐거든요. 하지만 1962년 중국과의 국경
분쟁 때, 중국의 공격에 인도는 속수무책이었어요. 당시 인도 초
대 총리 자와할랄 네루 Pandit Jawaharlal Nehru 는 현실을 뼈저리게 깨닫고
핵무기 개발에 국가적 지원을 아끼지 않았어요. 국립대에 원자력학
과를 개설하고, 인재를 유학 보내 원자력 전문가로 키워 냈어요. 그
결과 1974년 인도 라자스탄 사막에서 첫 핵 실험에 성공했고, 이를
서방 국가°에 알렸지요. 아시아에서는 중국이 유일한 핵무기 보유
국이었는데, 인도가 그것을 깼어요.

이런 사회 분위기 속에서 대학을 졸업한 반다나는 누구보다 열
심히 바바원자력연구소에서 일했어요. 그의 나이 스물한 살이었
어요.

핵무기 보유국

핵확산금지조약(NPT)이 인정하는 핵무기 보유국은 미국, 영국, 프랑스, 중국,
러시아까지 총 5개국이에요. 인도와 파키스탄, 이스라엘은 사실상 핵무기 보유
국으로 인식되고 있으나, 북한의 핵 보유는 국제 사회가 인정하지 않고 있어요.

"핵물리학은 미래의 학문이야! 제2차 세계 대전을 종식시킨 것
도 원자탄이고, 1킬로그램의 우라늄에서는 석탄 300톤에 맞먹는
에너지를 얻어. 석유나 석탄 등 에너지 자원이 없는 국가에서는
매우 유리한 자원이 될 수 있어."

그는 원자력이 오염 물질을 발생시키지 않는 미래의 청정에너
지라고 믿었어요.

언니 미라,
사람을 살리는 과학을 이야기하다

반다나는 캐나다로 유학을 떠나 핵물리학을 공부할 계획이었어
요. 유학 준비를 하던 시기에 미라 언니가 찾아왔어요. 당시 언니
는 펀자브에 있는 기독의과대학교Christian Medical College에 다니고 있었

숲에서 자라다시 숲으로

어요. 훗날 언니는 의사의 꿈을 이루어 '국제건강행동 HAI(Health Action International)' 창립 멤버로 참여했고, 이를 기반으로 다국적• 의약품 기업의 착취를 비판하고, 잘못된 의료 제도 개선에 힘썼어요. 또 언니는 국가 재정이 관료들의 주머니로 들어가 가난한 사람들이 제대로 된 치료를 받지 못한다고 비판하는 데 앞장섰어요.

반다나는 어릴 적부터 언니를 존경했고 깊이 신뢰했어요. 언니가 먼저 유학 이야기를 꺼냈어요.

"반다나, 캐나다에 가서 핵물리학을 공부할 거라고?"

"응, 언니. 연구소에서 일하면서 원자력이 미래의 청정에너지라는 것을 알았어. 적은 양의 연료로 많은 에너지를 얻을 수 있다면 사람들이 지금보다 훨씬 잘살 수 있을 거야. 나는 더 많은 사람을 돕는 공부를 하고 싶어."

"누가 널 말릴 수 있겠니? 항상 넌 사람들을 돕기 위해 무언가를 하고 싶어 했지. 그런데 반다나, 그게 왜 원자력이라고 생각해? 원자력의 다른 측면에 대해서는 생각해 봤어?"

의과대생인 언니는 원자력이 얼마나 위험한지 일찌감치 알고 있었어요. 그 이야기를 동생에게 꼭 들려주고 싶었지요.

"사람들은 원자력으로 에너지를 값싸고 쉽게 얻을 수 있다고만

• **다국적 기업** 국적을 초월하여 세계 여러 나라에 걸쳐 연구·개발·생산·판매·서비스 등의 활동을 하는 기업이에요.

반다나 시바, 상처받은 지구를 위로해

이야기해. 원자력 발전소에서 나오는 방사능과 핵 폐기물이 얼마나 위험한가에 관해서는 숨기고 있지. 원자력 발전소 근처에 살던 많은 사람들이 암에 걸렸고, 여성들은 기형아를 낳기도 했어. 심지어 어떤 아이는 뇌가 없이 태어났단다. 그뿐 아니라 방사능이 퍼진 지역은 아무도 살 수 없는 죽음의 땅이 되어 버리고 말아.”

언니는 제2차 세계 대전 중 일본에 투하된 원자탄 이야기를 구체적으로 해 주었어요.

“원자탄이 떨어진 일본 히로시마 지역은 완전히 잿더미가 됐어. 사람은 물론이고 동물, 풀 한 포기 없이 전부 사라져 버렸다고. 멀리서 폭탄이 떨어지는 걸 쳐다만 본 사람도 평생 장애를 갖고 살아가야 해. 이제 알겠니? 핵물리학은 네가 생각하는 것과 달리 몹시 위험하게 쓰일 수 있어.”

언니의 이야기를 다 듣고 난 반다나는 자신이 얼마나 무지했는가를 깨달았어요. 핵 전문가로 열심히 일했지만, 핵물리학이 인간을 포함한 생명체와 자연환경에 미치는 영향에 대해서는 전혀 알지 못했죠. 충격을 받고, 속았다는 생각마저 들었던 반다나는 핵물리학자로서 성공하려던 꿈을 접고 생명을 지키는 과학에 대한 고민을 시작했어요. 언니와 대화를 나누었던 그날을 계기로 반다나는 핵물리학 공부를 그만두기로 결정했어요.

숲에서 자라 다시 숲으로

1945년 8월 6일, 원자 폭탄이 투하된 후 잿더미가 된 히로시마 풍경이에요.

과학자에서 환경 운동가로

그렇다면 반다나는 유학을 포기했을까요? 아니에요. 반다나는 예정대로 캐나다로 유학을 떠났어요. 대신 핵물리학이 아닌 과학 철학을 온타리오주의 공립 종합대학인 겔프대학교 University of Guelph 에서 공부했어요. 그는 1976년에 석사 학위를 받은 후, 박사 과정 에서는 양자론의 기초를 공부했어요. 유일하게 캐나다의 웨스턴 온타리오대학교에 반다나가 연구하고 싶은 프로그램이 있었어 요. 반다나는 전 세계에서 온 수학자, 물리학자, 철학자, 논리학자 들이 모인 그룹에 들어갔어요. 반다나는 끊임없이 연구한 끝에 양 자론의 철학적 토대에 관한 논문인 〈양자론에 숨은 변수와 비국 소성 이론 Hidden Variables and Non-locality in Quantum Theory〉을 발표해 1978년에

여기서 잠깐

과학 철학

철학의 한 갈래로 과학의 방법이나 과학적 인식 기초에 대한 철학적 탐구예요. 예 를 들어, 토머스 쿤은 《과학 혁명의 구조》(1962)에서 과학을 체계화된 실험에 의 해 축적된 지식으로 보기보다는 특정 시대의 패러다임으로 여겼어요. 과학을 형 성하는 학문적 방법에 문제를 제기한 것이죠. 과학 철학을 연구한 반다나 시바는 우리가 당연하다고 받아들인 지식들에 대해서 시대적 맥락을 제시하고 반론을 제 기하며 새로운 생각을 할 수 있도록 돕고 있어요.

숲에서 자라다시 숲으로

철학 박사 학위를 받았어요.

당시 인도에서 여성이 물리학에 관심을 갖고 박사 과정을 공부하는 건 흔치 않은 일이었어요. 하지만 반다나는 오히려 자신이 인도에서 태어났기 때문에 물리학을 공부하기가 쉬웠다고 말해요.

"미국에서는 사회적 배제• 구조가 더 조직적이어서 과학에 흥미가 있는 소녀들도 시간이 지나면서 자신감을 잃기 쉬워요. 사회적 배제는 소녀들에게 불리하게 작용하죠. 인도 사회는 카스트 등 다른 사회적 배제 구조가 있긴 하지만, 현대 과학 지식에 대해서는 예외였어요. 만약 당신이 여성이고 그걸 해낼 수 있다면, 아무도 말리지 않을 거예요. 아무도 그걸 여자가 해서는 안 되는 일이라고 단정 짓지 않거든요. 인도가 미국보다 여성 수학자, 의사, 과학자가 더 많다는 사실을 알고 있나요?"

웨스턴온타리오대학교는 과학자의 꿈을 이룬 반다나에게 일자리를 제안했어요. 하지만 그는 이를 거절하고 주저 없이 고국으로 돌아갔습니다. 반다나는 과거에 일했던 바바원자력연구소와 같은 핵물리학 기관에서 일할 수도 있었지만, 일부러 과학과 사회의 상호작용을 살펴볼 수 있는 곳을 선택했어요. 1979년에서 1982년에 그는 인도의 벵갈루루_{Bengaluru}에 있는 인도과학연구소와 인도경영연구소에서 과학·기술·환경 정책에 관한 '학제간 연구'를 했어요. 학제간 연구는 쉽게 말해 여러 학문을 융합·연구하는 거예요. 반다나는 과학과 환경을 연결해 함께 연구했어요. 과학자로 일하긴 했지만, 이때부터 반다나는 환경 전문가로서 자신의 정체성을 만들어 가기 시작했답니다.

사실 반다나는 과학자의 꿈을 이루고 나서도, 아니 그전부터 생태에 관한 글을 썼고 환경 운동을 계속해 오고 있었어요. 반다나는 왜 환경 운동을 시작하게 됐을까요? 그 결정적 계기가 된 '칩코 운동'에 대해서는 다음 장에서 살펴보기로 해요.

숲에서 자라 다시 숲으로

2

Vandana Shiva

여성의 지혜와
용기를 깨닫다

최고의 저항은
깊은 사랑에서 나온다

자기 이름도 쓸 줄 모르는 여자들이 나무를 끌어안는

환경 투쟁을 벌였죠. 돌이켜 보면 개발과 성장 신화를 버리고,

보전과 공존의 새로운 패러다임을 짜기 위한

내 투쟁은 그때 시작되었습니다.

반다나 시바 《조선일보》 인터뷰 중에서(2003)

전도유망한 과학자이자 환경 전문가로 자신의 길을 닦아 나가기 시작한
반다나 시바. 그가 환경 운동을 시작한 결정적인 계기인 '칩코 운동'과 그
운동을 통해 에코페미니즘 사상을 더 깊게 발전시키기까지 반다나의 이야
기를 들려줄게요.

우리는 희망을 품어도 돼!

"칩코 운동은 제 인생의 첫 사회 운동이에요. 이 경험으로 제 의식 속에서 생태학, 사회 참여 운동, 사회 정의가 하나로 결합하기 시작했죠."

칩코 운동과 반다나의 첫 만남은 고향 마을의 생태계가 파괴되는 개인적인 경험에서 비롯됐어요. 1970년대에 인도의 개발 광풍은 반다나의 고향 산간에도 불었어요. 마을 숲에 도로가 생겨났고 큰 사과 농장이 들어섰어요. 벌목해서 목재도 얻고, 사과나무를 심어 돈도 벌 수 있으니, 일석이조 같아 보이죠? 하지만 현실은 달랐어요. 숲에서 나무가 베어지자 그 지역의 기후가 변했고, 사과나무도 잘 자라지 못했어요. 또 큰 규모의 댐이 곳곳에 건설되기 시작했어요. 정부는 약 500개의 댐 건설을 계획했어요.

"댐이랑 도로가 생기니까 우리 마을도 금세 발전하겠네요! 이제 도시에 가기도 쉬워져 필요한 물건도 바로바로 살 수 있겠어요."

사람들은 그것을 좋은 징조라고 철석같이 믿었어요. 그런데 새로 난 길을 따라 가장 먼저 들어선 것은 벌목 기업과 베어 낸 나무를 실어 나를 커다란 트럭이었어요. 벌목꾼들은 마을과 함께해 온 나무를 가차 없이 베어 냈어요. 마을 사람들은 돈을 많이 벌면 더 잘살 수 있을 거라고 기대했지만, 사실 마을은 점점 폐허가 되어

여성의 지혜와용기를 깨닫다

갔죠.

당시 반다나는 박사 과정을 공부하기 위해 캐나다로 떠날 준비를 하고 있었어요. 떠나기까지 며칠간의 시간이 있어 그는 자신이 가장 좋아하는 곳, 바로 고향에 가 보고 싶었어요. 어릴 적 아버지와 함께 걷던 숲길을 조용히 걸어도 보고, 냇가에 앉아 있을 생각이었죠. 그런데 막상 찾아가 마주한 숲은 사과 농장으로 변해 있었고, 강은 메말라 있었어요. 반다나는 마치 자기 몸의 일부가 잘려 나간 것 같은 아픔을 느꼈어요.

반다나는 집으로 돌아와 마을 사람들과 이야기를 나누었어요.

"이건 재앙이에요!"

반다나의 절망스러운 말에 이렇게 대답해 준 사람들이 있었어요.

"하지만 이 재앙을 멈출 수 있단다. 우리가 희망을 만들 수 있어!"

이 나무를 베려면
내 등을 먼저 찍어야 할 것이오!

사람들이 말한 '희망'의 근거는 1973년 4월 우타르프라데시주Uttar Pradesh 차몰리Chamoli 지역에서 시작된 칩코 운동이었어요. 벌목

반다나 시바, 상처받은 지구를 위로해

으로 숲이 파괴되자 여성들의 삶이 고달파졌어요. 여성들은 숲에서 쉽게 구할 수 있었던 식량과 땔감, 가축의 먹이, 마실 물을 얻기 위해 더 먼 길을 걸어가야 했죠. 그래서 여성들이 삶의 터전인 숲을 지키기 위해 나섰어요. 마을의 나무를 더는 베지 못하도록 끌어안으며 목이 터져라 이렇게 외쳤어요.

"이 나무를 베려면 내 등을 먼저 찍어야 할 것이오!"

이것이 바로 반다나가 환경 운동에 뛰어든 결정적인 계기가 된 칩코 운동이에요. 칩코 운동의 본래 명칭은 '칩코 안돌란Chipko Andolan'이에요. 칩코는 힌두어로 '껴안다', 안돌란은 '운동'을 의미해요. 자발적인 풀뿌리 여성 운동이기도 한 칩코 운동은 우타르프라데시주에서 인도 히말라야 전 지역으로 빠르게 퍼졌어요.

칩코 운동에 참여한 활동가들은 대부분 산림 관리인이었던 부모님의 친구들이었어요. 덕분에 반다나는 칩코 운동의 열기를 생생하게 체험했지요. 그는 칩코 운동의 자원봉사자가 되어 걷기 순

풀뿌리 운동

풀뿌리 운동은 권력으로부터 소외된 대중들이 주체가 되는 운동을 말해요. 특히 지역 사회에서의 풀뿌리 운동은 그 지역에 사는 시민들이 자신들의 지역을 좀 더 살기 좋은 곳으로 변화하고 발전시키기 위한 목적을 갖고 있어요.

여성의 지혜와 용기를 깨닫다

1973년 우타르프라데시주에서 다시 시작된 '칩코 운동'을 담은 사진이에요.

레를 했고, 산림 운동가들의 작업을 기록하고, 칩코 운동의 메시지를 널리 알렸어요.

"칩코 운동에 참여한 여성들은 '생태계 전문가'였어요. 이들은 과학적으로 훈련된 산림 관리사보다 지역 생태계 구석구석을 잘 알고 있었어요. 하지만 글을 읽고 쓸 줄은 몰랐기 때문에 저는 이들을 대신해 삼림 벌채부터 생태까지 다양한 주제에 관한 보고서를 작성했어요."

오래된 칩코 전통

칩코 운동의 시작은 1730년 9월로 거슬러 올라가요. 현재 인도 라자스탄주Rajasthan에서 있었던 일이에요. 어느 날 왕이 명령했어요.

"새 왕궁을 지으려면 나무가 필요하다. 근처 케잘리Khejarli 마을로 가서 나무를 베어 오거라."

그러나 신을 섬기듯 숲의 케즈리Khejri 나무를 신성하게 여겼던 마을 사람들은 나무를 베지 못하게 했어요. 나무가 무성한 숲은 마을 여자들에게 매우 소중한 존재였어요. 숲은 식량과 땔감, 약초 등 아낌없이 모든 것을 내주었고, 아이들에게는 신나는 놀이터

여성의 지혜와 용기를 깨닫다

가 되어 주었죠. 또한 그들은 살아 움직이는 자연이 그들을 지켜 준다고 여겼어요.

하지만 왕의 명령을 받은 신하와 병사들은 숲으로 향했고, 그들의 행진 소리가 멀리서 들리기 시작하자 마을 여성들은 하던 일을 멈추고 숲으로 달려갔어요. 그때 암리타 데비Amrita Devi라는 여성이 나무를 껴안았어요. 마치 사랑하는 아이와 절대로 헤이지지 않겠다는 의지를 보여 주듯이 말이죠. 그리고 나무에게 속삭였어요.

"내가 지켜 줄게."

그러자 또 다른 여성이 나무를 꼭 껴안았고 더 많은 여성들이 나무를 안았어요. 왕의 명령에 저항하며 그들은 소리쳤어요.

"나무를 베려면 우리 등을 먼저 찍어라!"

머뭇거리던 병사들은 왕의 명령을 수행하려고 여성들의 등을 도끼로 찍기 시작했어요. 여성들은 피가 흥건하게 흘러내려도 물러서지 않았어요. 두려움이 밀려올수록 더욱 세게 나무를 껴안았어요. 그날 숲에서 죽은 여성들이 363명에 이르렀어요. 이후 왕은 케잘리 마을의 벌목을 금지했고, 숲을 지킨 여성들의 이야기는 인도 사람들의 입에서 입으로 전해졌어요.

반다나 시바, 상처받은 지구를 위로해

우리가 목숨 걸고 숲을 지켜야 해

긴 세월이 흘러 숲을 잃을 위기에 처한 인도 여성들은 그들의 여성 조상들을 기억해 냈어요. 그 사회적 배경은 다음과 같아요. 1962년 국경 분쟁이 일어났을 때 인도 정부는 자국의 국경을 지키기 위해 해발 5천 미터 이상 산간 지대까지도 도로망을 설치했어요. 그런데 분쟁이 끝나자 도로를 따라 깊은 산속으로 외국계 벌목 기업들이 몰려들었어요. 그때부터 히말라야 숲의 울창한 거목들이 베어져 먼 곳으로 팔려 나갔어요. 건물을 짓고, 가구를 만들기 위해 많은 양의 목재가 필요했거든요.

벌목장이 들어서자 사람들은 큰돈을 벌게 될 거라고 기대했어요. 그러나 돈을 버는 것은 나무를 파는 기업들이었죠. 마을 숲은 망가져 갔고, 벌목으로 현금을 손에 쥔 남자들은 술과 도박에 빠져들었어요.

"벌목장 근처에 새로운 술집이 생겼던데, 오늘 한잔합시다!"

"이런 날 카드놀이가 빠질 수 없죠! 자, 서두릅시다."

"젠장, 판돈이 떨어졌소. 벌목장에 가면 돈이 들어올 테니, 조금만 빌립시다."

"그리시죠. 산에 나무가 널렸는데, 무슨 걱정입니까!"

술과 도박으로 가산을 탕진하고 빚을 지는 남자들이 늘어났어

여성의 지혜와용기를 깨닫다

요. 어떤 남성들은 술에 취해 폭력을 휘두르기도 했어요. 마을 여성들과 아이들은 굶주림에 먹을 것을 찾아 숲을 뒤져야만 했지요.

이런 분위기 속에서 1964년 인도의 사회 운동가이자 환경 운동가인 찬디 바트 Chandi Prasad Bhatt 는 차몰리의 고페시와르 Gopeshwar 에 여성복지협회 DGSM을 세웠어요. DGSM은 마을 여성들이 중심이 되어 마을의 자립과 환경 보전을 위해 농사짓기, 꽃 재배, 가축 사육, 산림 자원 수확 및 활용, 숲 보호 교육 그리고 여러 건설 사업에 주민을 고용하도록 장려하는 활동들을 펼쳤어요.

인간이 만든 재난

1970년 7월, 고페시와르 지역 일대에 큰비가 내려 대홍수가 났어요. 알라크난다 Alakananda 계곡의 물이 삽시간에 불어나 알라크난다강으로 흘러들었어요. 붉은 흙탕물은 멀리 하류 마을까지 휩쓸고 내려가 닥치는 대로 모든 것을 삼켜 버렸죠.

"다리가 무너지고 버스가 파손되어 강물에 떠내려갔어요."

"어떤 마을은 송두리째 사라졌고, 200명이 넘는 사람들이 목숨을 잃었어요."

한순간에 재산과 가족을 잃은 사람들은 삶의 의지마저 상실했

반다나 시바, 상처받은 지구를 위로해

어요. 인도 정부는 이 홍수를 지역 역사상 유례없는 자연재해라고
규정했지만, DGSM은 그것을 받아들일 수 없었어요.

"숲은 폭우가 내릴 때 빗물을 흡수해서 홍수를 막아 주는 중요한
역할을 합니다. 그런데 지금 우리 마을의 숲을 보세요! 벌목 기업
들이 나무를 얼마나 베어 댔는지 민둥산이나 다름없어요. 이번 홍
수와 산사태는 자연재해가 아니라 인간이 만든 재난이에요. 앞으
로는 우리가 목숨을 걸고 숲을 지킬 거예요!"

DGSM 활동가들은 강 유역 마을에 제방을 만들고, 나무를 심는
운동을 벌여 토양 침식을 줄였어요. 그리고 마을 여성들은 여러
소규모 그룹을 조직해 생계를 위협하는 상업적 벌목에 맞서기 시
작했어요.

1973년에 다시 시작된 칩코 운동

돈에 눈이 먼 기업과 정부는 벌목 사업을 멈추지 않았어요. 그
러던 중 정부가 인도의 스포츠 용품 제조 회사인 사이먼사Simon
Company에 고페쉬왈로의 만달Mandal 마을 인근 숲의 물푸레나무 300
그루를 베도록 허가해 준 일이 생겼어요. 해마다 마을 사람들이
농기구 제작용으로 나무 열 그루만 베게 해 달라고 요청했을 때

여성의 지혜와용기를 깨닫다

산림청은 나무에 손도 대지 못하게 했는데 말이죠.

1973년 4월 24일, 사이먼사의 벌목꾼들이 도끼와 전기톱을 들고 만달 마을로 들이닥쳤어요. 그러나 벌목꾼들은 기이한 광경에 그 자리에 우뚝 멈춰 서고 말았어요. 찬디 바트가 DGSM 활동가들과 마을 사람들을 이끌고 북을 치며 행진하고 있었거든요.

"산림은 우리에게 깨끗하고 풍부한 물, 비옥한 토양, 맑은 공기를 줍니다. 이것은 우리의 생계와 연관되어 있고, 이러한 생계는 인도 전체뿐만 아니라 자연계 전체와 인간의 공생 관계를 지탱하는 발판이 되어 줍니다. 생각해 보세요. 나무는 베어서 돈벌이하라고 있는 게 아니에요!"

폭력적인 충돌은 전혀 없었어요. 이어서 벌목꾼들은 나무를 한 그루씩 꽉 껴안고 있는 여성들을 발견했어요. 여성들은 "이 나무를 베려면 내 등을 먼저 찍어라!" 하고 외쳤지요. 오래전 왕의 명령에 용감하게 저항했던 여성 조상들처럼 말이에요.

이렇게 칩코 운동은 우타르프라데시주에서 다시 시작됐어요. 폭력을 사용하지 않고 벌목 정책에 불복종하겠다는 여성들의 모습이 비폭력 불복종 운동의 상징인 간디와 닮았지요?

이런 평화로운 시위를 처음 본 벌목꾼들은 발길을 돌릴 수밖에 없었어요. 결국 정부도 사이먼사와 맺은 벌목 계약을 취소했답니다. 하지만 몇 개월 후 사이먼사는 고페시와르에서 약 80킬로미터 떨어진 파타Phata 마을 숲에서 훨씬 많은 물푸레나무의 벌목 허가를 얻어 냈어요. 파타와 타살리Tarsali 마을 사람들은 그룹을 조직해 그해 12월까지 나무를 지키는 불침번을 섰어요. 그리고 만달 마을 여성들처럼 나무를 껴안는 시위를 벌였지요. 그제야 벌목꾼들은 베어 낸 다섯 그루의 물푸레나무를 놓아둔 채 철수하고 말았답니다.

이듬해인 1974년 칩코 운동에 본격적으로 불을 붙인 사건이 일어나요. 정부가 알라크난다강 유역 레니Reni 마을의 나무 2,500여 그루를 경매에 부치겠다고 발표한 거예요. 당시 마을 남자들은 정부가 군대가 사용하는 토지에 대한 보상금을 준다는 말에 속아 마을을 비운 상태였어요. 한 여자아이가 마을 DGSM을 이끄는 가우라 데비Gaura Devi에게 달려와 다급히 말했어요.

"벌목꾼이 나무를 자르고 있어요!"

"큰일이구나. 당장 마을 여자들을 모아 숲으로 가야겠다!"

가우라 데비는 27명의 여자들과 함께 숲으로 달려갔어요. 그러고는 벌채 표시가 된 나무를 한 그루씩 끌어안았지요.

"거참, 힘도 없는 여자들이 쓸데없이 뭐 하러 나서는 거요!"

화가 난 벌목꾼들은 도끼로 여자들을 위협했어요. 하지만 여성들은 굴하지 않고 나무를 끌어안은 채 밤새 나무를 지켰어요. 다음 날 이웃 마을들이 레니 마을의 칩코 운동에 합류했어요. 결국

여성의 지혜와 용기를 깨닫다

나흘 후 벌목 계약은 철회되었고, 벌목꾼들은 빈손으로 마을을 떠났어요. 이 사건 이후 우타르프라데시주는 산림 벌채 문제를 조사하기 위한 전문가 위원회를 구성했어요.

"레니 숲은 생태적으로 매우 민감한 지역이고, 이곳의 나무를 베어서는 안 됩니다."

"주 정부는 위원회의 의견을 수용하겠습니다. 앞으로 10년 동안 이 지역의 상업적 벌목을 금지하겠습니다."

레니 마을이 쟁취한 승리는 칩코 운동을 인도 전역으로 확산시킨 계기가 됐어요. 1972년에서 1979년 동안 인도의 150개 이상 마을이 칩코 운동을 벌였어요. 그 결과 1980년 인디라 간디Indira Gandhi 총리는 다음과 같은 명령을 내렸어요.

"인도 히말라야 지역이 푸르게 회복할 때까지 이 지역의 산림 벌채를 15년간 금지한다!"

이는 칩코 운동이 거둔 가장 큰 승리였어요. 칩코 운동은 인도를 넘어 스위스, 프랑스, 멕시코, 덴마크, 호주, 캐나다, 말레이시아 등 세계 여러 나라의 환경 관련 단체에 영향을 끼쳤어요.

"시골에 남아 생활을 도맡은 여성들은 생명을 보살피는 법을 알고 있었고, 숲과 대지와 물이 모든 생명의 근원임을 본능적으로 알았어요. 여성들은 나무를 끌어안음으로써 '최고의 저항은 깊은 애정에서 나온다.'라는 간디의 말을 온몸으로 증명했어요."

1974년 칩코 운동에 참여했던 레니 마을 여성 생존자들이에요.
2004년에 다시 모여 칩코 운동 30주년 기념 사진을 찍었지요.

여성의 지혜와용기를 깨닫다

반다나는 칩코 운동이 간디가 주창한 '사티아그라하satyagraha'의 비폭력 불복종 저항 정신에 기반을 두고 있음을 알았어요. 사티아그라하는 힌두어로 '진리'라는 뜻의 '사티아satya'와 '헌신'이라는 뜻의 '그라하graha'가 합쳐진 단어예요. 간디는 폭력이 아닌 '진리에 헌신하라.'고 했고, 이것은 훗날 반다나의 삶을 관통하는 저항 방식으로 자리 잡는답니다.

여성 운동과 생태 운동을 결합시키다

칩코 운동 현장에서 반다나가 목격한 여성들은 매우 지혜로웠어요. 이들은 나무를 지켜 낸 것만이 아니었어요. 산간 지방 곳곳에 칩코 환경 캠프를 만들어 학생과 마을 지도자의 교육 장소, 회의 장소로 활용했어요. 또한 자연을 훼손하는 광산 산업에 반대하는 행진을 하고, 밀렵으로 멸종 위기에 놓인 동물들을 보호하기 위한 캠페인으로 확산시켰어요. 또한 여성들은 나무 심기 운동도 전개해 나갔어요. 기업의 이익을 위해서가 아니라 마을 사람들에게 혜택이 골고루 돌아갈 수 있도록 나무를 심었답니다.

여성들의 비폭력 평화 시위가 결국 인도의 숲을 지켜냈고 인도 사회를 바꾸어 놓았어요. 반다나는 칩코 운동에 참여한 여성들이 그 누구보다 자연의 원리와 생태계를 아주 정확하게 이해하고 있다는 것도 알게 됐어요.

"아름다운 참나무와 철쭉들은
우리에게 시원한 물을 준다네.
나무들을 베지 마세요.
우리가 나무들을 지킬 거예요."

1970년대에 히말라야 지역의 여성들이 칩코 운동을 하며 불렀던 노래예요. 여성들은 숲의 진정한 가치는 죽은 나무에서 얻은 목재가 아님을 잘 알고 있었어요.

칩코 운동 중 반다나에게 강렬한 기억으로 남은 사건이 하나 더 있어요. 1977년 히말라야 아드바니Advani 마을의 바치니 드비Bachni Devi라는 여성의 이야기예요. 마을 이장이었던 그의 남편은 정부로부터 벌목 계약을 따냈어요. 바치니 드비는 남편에게 반대했지요.

정부가 연관된 벌목 사업이었기에 공무원들이 마을에 속속 도착한 날이었어요. 환한 대낮이었지만 바치니 드비와 마을 여성들은 손전등을 켜 들고 그들을 맞았어요. 한 삼림 관리자가 바치니 드비를 비웃으며 말했어요.

"허허, 이렇게 밝은데 손전등은 왜 가지고 나왔소?"

여성의 지혜와 용기를 깨닫다

“바로 당신 때문이지요. 당신의 생각이 어두워 밝혀 주려고 말이요. 우리가 당신에게 숲의 진정한 가치를 알려 주겠습니다!”

산림 관리자는 무지한 아줌마가 자신을 비꼰다고 생각했어요. 화가 난 산림 관리자가 말했어요.

“어리석은 여자 같으니라고! 숲의 가치를 잘 안다는 사람이 어떻게 벌목을 막는단 말이오? 숲이 무엇을 주는지 진정 알고 있는 게 맞소? 숲은 우리에게 돈과 송진과 목재를 준다오!”

그러자 바치니 드비와 마을 여성들은 다음과 같은 노래를 함께 부르며 산림 관리자의 말에 응답했어요.

“숲이 무엇을 낳는다고요?
흙, 물 그리고 깨끗한 공기랍니다.
흙, 물 그리고 깨끗한 공기는
생명의 기초랍니다.”

칩코 운동은 사회적으로 무시당하고 핍박받던 선주민 여성이 주체가 되어 펼친 대표적인 운동이었어요. 그들은 농사지을 땅도 재산도 없이 숲에만 의지해 살아온 사람들이었으니까요. 반다나는 이 운동을 통해 생태 운동과 더불어 여성 운동에 더욱 관심을 갖게 됐어요.

“저는 페미니스트 할아버지와 부모 아래서 자랐어요. 그러니까 여성 문제는 제 일상과 별개일 수 없어요. 여성과 생태에 관심을 가진 건 멋진 경력이나 직업을 위해서가 아니라 그것이 이 땅의 모든 사람에게 가장 소중한 문제이기 때문이에요.”

반다나는 여성과 생태의 공통점을 생각해 보았어요. 이 둘은 보살핌, 나눔, 공유의 가치를 지녔고, 생명 다양성을 유지하는 힘을 가지고 있었어요.

“칩코 운동에 참여하면서 지역 여성들에게서 많은 것을 배웠어요. 그들은 학교 근처에 가 보지도 않았지만, ‘생명의 그물’에 대해 훤히 알고 있었어요. 인간과 모든 생명체는 촘촘하게 짜인 그물망처럼 연결되어 있는데, 그 ‘생명의 그물’을 끊으면 살아 갈 수 없다는 것을 마을 여성들은 삶 속에서 체험하고 있었던 거지요.”

이십 대 후반까지 반다나는 인도과학연구소와 인도경영연구소에서 일하며 칩코 운동을 병행했어요. 그러나 서른이 되던 1982년에 연구소 일을 과감히 관두고, 환경 운동과 여성 해방 운동의 사상을 통합한 ‘에코페미니즘’의 대표적 주창자가 되었답니다. 여성들과 함께해 온 칩코 운동의 긴 여정을 보았을 때 반다나에게 이는 어쩌면 자연스러운 결과라고 할 수 있겠지요.

여성의 지혜와 용기를 깨닫다

Vandana Shiva

3

에코페미니즘

우리는 모두
연결되어 있다

환경 파괴에 대항해 싸우는 여성이라면 여성에 대한
폭력과 자연에 대한 폭력이 상호 연관되어 있음을
즉각 깨달을 수 있다.

마리아 미스·반다나 시바 공저 《에코페미니즘》 중에서

과학자로 환경 전문가로 열심히 일하던 반다나는 서른이 되던 해 연구소를 그만둡니다. 그러고는 고향 마을 여성들과 함께 '과학·기술·생태연구재단'을 세워 본격적으로 환경 운동에 뛰어들지요. 그와 동시에 '에코페미니즘' 사상에도 깊이 빠져들었어요. 반다나는 남성이 만든 근대 과학을 비판하며 에코페미니즘의 개념을 세상에 알렸어요.

반다나 시바, 상처받은 지구를 위로해

유칼립투스 뒤에서 세상을 발견하다

반다나의 이십 대 후반은 정부가 의뢰한 연구를 하면서 빠르게 흘러갔어요. 그 연구들은 점점 생태계 전체를 구하는 방향으로 바뀌어 갔지요. 하지만 1982년에 그는 인도과학연구소와 인도경영연구소를 박차고 나오게 되는데요. 크게 두 가지 이유 때문이었어요.

먼저 1981년에 반다나가 '사회 임업Social Forestry'에 관한 연구를 할 때의 일이에요. 사회 임업은 1970년대에 등장한 개념으로 지역 주민의 복지를 유지하고 향상시키는 것을 목적으로 하는 참가형 임업 활동을 말해요. 1960년에서 1980년 사이 인도의 산림청과 산림 개발 회사가 주도해 플랜테이션● 농장을 만들어 대규모 조림 사업을 진행했어요.

반다나는 이 연구를 위해 인도 남부 고원 지대에 있는 벵갈루루에 찾아갔어요. 그런데 벵갈루루 주변 지역 전체가 유칼립투스 농장으로 변해 있었어요.

"참 이상한 일이야. 이 넓은 땅에 왜 유칼립투스만 심는 걸까?"

반나다는 의문을 품을 수밖에 없었어요. 잘 알려져 있듯이 유칼

● **플랜테이션** 자본과 기술을 가진 선진국 및 거대 기업이 자국이 아닌 식민지 제3세계권 나라에 값싼 노동력을 이용해 쌀, 고무, 솜, 담배 등의 특정 작물을 단일 경작하는 기업적 농업 경영을 뜻해요.

에코페미니즘

립투스는 코알라의 주식으로 오스트레일리아가 원산지예요. 인도가 유칼립투스를 심기 시작한 이유는 땔감과 목재로 쓸 나무가 필요했기 때문이에요. 농촌 지역 사람들의 생계를 위해 시작된 개발 사업이었지요.

반다나는 의문이 생기면 반드시 답을 찾아내야만 하는 과학자의 기질이 발동했어요.

"벵갈루루의 유칼립투스 농장을 매일 둘러보면서 저는 연구소에 이 일을 꼭 조사해야 한다고 말했어요. 그리고 훗날 유칼립투스 농장의 자금 조달 배후에 세계은행* World Bank이 있다는 것을 알아냈어요."

세계은행은 식량을 재배하던 땅을 목재와 펄프를 재배하는 유칼립투스 농장으로 바꿀 때 막대한 자금을 빌려주고 있었어요. 유칼립투스는 세계은행이 가장 선호하는 '단일 경작' 종이었고요. 한 장소에서 한 작물만을 재배하는 것을 '단일 경작'이라고 하는데, 이는 플랜테이션 농장처럼 넓은 면적에 작물을 기를 때 사용하는 방법이에요. 대개 목재나 고무, 야자 기름, 설탕 등 한 제품의 생산성을 높이기 위해 고안됐지요.

하지만 반다나는 단일 경작 농장이 그 지역의 환경과 사람들을

● **세계은행** 개발 도상국에 일정 금액의 기한과 이자를 정하고 돈을 빌려주는 국제 금융 기관이에요. 1945년에 설립되었고 국제통화기금(IMF), 세계무역기구(WTO)와 함께 3대 국제 경제 기구로 꼽혀요.

황폐하게 만든다는 걸 알고 있었어요. 또한 단일 경작은 사료, 식량, 비료, 연료 및 기타 상품 등 지역에서 여러 용도로 사용하는 다양한 나무 종을 사라지게 만들었어요.

"유칼립투스 농장은 정말 많은 양의 물을 사용합니다. 그러면 다른 나무에 사용할 물이 줄어들 뿐만 아니라 토양 수분과 지역의 지하수면까지 낮아지게 돼요. 또 유칼립투스는 토양에 영양분을 거의 돌려주지 않기 때문에 결국 땅이 사막화됩니다."

반다나의 연구는 인도 사회에 큰 영향을 미쳤어요. 농민은 물론 지주까지도 운동에 나섰지요. 이들은 유칼립투스를 뿌리째 뽑아내기 시작했고, 조림 사업에 대한 논의를 이끌어 냈어요. 반다나는 이 일을 두고 종종 이렇게 이야기해요.

"저는 유칼립투스 뒤에서 세상을 발견했어요!"

그는 세계은행을 세계에서 가장 막대한 대부업자라고 비판해요. 몇몇 선진국들의 이익만 대변하고, 가난한 나라를 수탈하는 세계은행은 국제 노상강도나 다름없다고 강하게 질타했어요.

지역 사회를 파괴하는 채굴 사업을 멈추게 하다

1982년, 반다나는 환경부로부터 다음과 같은 요청을 받게 됐

에코페미니즘

어요.

"반다나, 당신의 고향 데라둔 계곡에서 석회석 채굴 사업이 진행되고 있어요. 채굴 사업이 지역 사회와 생태계에 끼치는 영향을 연구해 줄 수 있나요?"

"물론이죠. 당장 고향으로 갈게요!"

이는 당시 인도 총리였던 인디라 간디가 데라둔의 산간 마을 무수리Mussoorie에서 인도 행정부가 주최한 학회에 참석해 이런 연설을 했기 때문이에요.

"언덕의 여왕 무수리가 벌거벗고 있습니다!"

이 연설은 인도의 전체 관료를 움직였고, 그들은 연구를 의뢰하기 위해 반다나를 찾아왔어요. 반다나는 이 기회를 놓치지 않았어요.

"우리는 제일 먼저 데라둔 지역의 여성들을 찾아갔어요. 여성들에게 현재 가장 긴급한 사안이 무엇인지 물었죠. 여성들은 입을 모아 '물'이라고 말했어요."

반다나와 연구팀은 지하수가 솟는 샘과 석회석이 정확히 어디에 있는지 수문 지질도를 자세히 살펴봤는데, 둘 다 정확히 같은 지대에 있음을 알게 되었죠.

'물을 품고 있는 석회석을 채굴하면서 동시에 지하수가 사라진 거였어! 이 지역 농부와 주민들이 얼마나 큰 손해를 보고 있는지

반다나 시바, 상처받은 지구를 위로해

명확히 알겠어!'

　반다나는 과학자답게 채굴 사업이 얼마큼의 수익을 가져다주는 지, 수역과 하천 시스템에 어떠한 영향을 미치는지 조사하기 시작 했어요. 석회석을 채굴해서 공장에 보내는 것보다 채굴하지 않고 그대로 두는 편이 경제적으로 훨씬 이득이었어요. 석회석이 지역 사람들에게 마실 물과 농장에 사용할 물을 공급해 주기 때문이지 요. 이 연구에서 반다나는 채굴할 경우 1루피[•]의 돈을 벌지만, 10루 피의 손해를 본다는 것을 알게 됐어요. 석회석 채굴 후 인위적으 로 물을 공급하는 시스템을 만들면 얼마나 많은 돈이 드는지 계산 해 봤더니, 놀랍게도 20억 루피_{한화 약 330억 원}가량의 엄청난 돈이 필요 하다는 연구 결과가 나왔거든요. 이 연구를 바탕으로 데라둔 사람 들은 공익 소송을 제기했고, 인도의 대법원은 다음과 같은 판결을 내렸어요.

　"헌법 21조는 삶의 권리를 명시하고 있다. 이것은 생명을 보장 하는 생태계의 권리를 포함하고 있음을 의미한다. 채굴은 지하수 공급의 기초를 파괴하는 사업이므로 헌법 제21조를 위반하였다. 이에 채굴 사업 중단을 선언한다!"

　이것은 인도 내에서 있었던 생태 이슈에 대한 첫 번째 판결이었

● **루피**　인도, 파키스탄, 스리랑카 등의 나라에서 사용하는 화폐 단위예요. 인도의 1루피는 한화로 약 16원이에요.

에코페미니즘

어요. 반다나는 정부에 이렇게 권고했어요.

"언덕의 겉모습을 걱정하기에 앞서, 석회석 채굴이 생태계에 어떠한 영향을 끼치는지를 생각해서 정책을 바꿔 보십시오!"

법원의 판결대로 채굴 사업은 중단되었고, 채굴 사업에 기대 있던 시멘트 공장, 카바이드 공장 등 모든 공장이 문을 닫고 마을을 떠났지요. 이 일들을 계기로 반다나는 사람들의 눈을 가리는 조작된 세계가 있다는 사실을 서서히 알게 되었어요.

'과학·기술·생태연구재단'을 설립하다

반다나를 매우 아끼던 연구소 소장 라마산 박사Dr. Ramasan 가 어느 날 이런 이야기를 꺼냈어요.

"반다나, 저는 당신이 정말 자랑스럽고 당신이 하는 일을 존중합니다. 하지만 세계은행이 저에게 압력을 가해 오고 있어요. 당신이 하고 있는 연구들을 앞으로도 계속한다면 우리에게 주는 모든 예산을 삭감하겠다고 말이죠."

반다나는 침착하게 대답했어요.

"소장님, 저한테 '연구'는 진실을 찾는 거예요. 이 세상의 어떤 힘도 저를 억누를 수 없어요. 양심껏 연구할 수 없다면 저는 이곳을 떠나겠습니다.”

세계은행 관계자가 연구소를 방문했을 때, 연구소장은 열정적인 연구원들의 태도에 대해 사과까지 했어요. 연구소장은 세계은행이라는 거대한 후원 기관을 잃을까 봐 두려웠거든요. 그날 반다나는 가슴이 원하는 바를 따라야겠다고 굳게 결심했어요.

집으로 돌아온 반다나는 그날 있었던 일을 부모님에게 말했어요.

“어머니, 아버지. 양심에 따라 연구한 직원들을 외면하는 상사와는 함께 일하고 싶지 않아요. 그리고 공식적인 연구 시스템 밖에서 일할 때 사회에 더 많은 도움을 줄 수 있다고 생각해요. 제가 직접 연구재단을 세우겠어요!”

반다나의 이야기를 들은 어머니는 소를 기르던 외양간을 선뜻 내주었어요.

“이곳을 많은 사람을 위한 일에 쓰려무나.”

1982년, 연구소를 그만둔 반다나는 가족의 도움으로 벵갈루루에 ‘과학·기술·생태연구재단’을 설립했어요. 그는 마을 여성들을 불러 모아 함께 일하자고 제안했어요. 칩코 운동에 참여한 여성들에게서 일찌감치 에코페미니즘의 가능성을 엿보았거든요.

‘이미 여성들은 세상을 위계적으로 보지 않는구나. 세상에서 가장 약한 존재인 아이들을 돌보며 살아온 여성이, 언제나 가장 먼

에코페미니즘

저 착취당하고 차별당했던 여성이 이제는 나무의 심정까지 이해하고 있어.'

이 세상의 모든 생명을 귀하게 여기는 여성들과 함께 반다나는 본격적으로 환경 운동에 뛰어들었어요. 과학·기술·생태연구재단은 지역 사회와 긴밀하게 협력하며 우리 시대의 가장 중요한 생태와 사회 문제를 해결하기 위해 독립적으로 연구를 수행해 나갔어요.

"우리의 연구는 사람들의 삶과 동떨어진 게 아니라 오히려 대중 운동에 확고히 뿌리박고 있어요. 또한 생태학적 맥락에서 이뤄지고 있어요."

과학·기술·생태연구재단은 이후 반다나의 활동에 있어 아주 중요한 기반이 되어 줍니다.

환경 운동에 앞장선 여성들

마을 여성들과 함께 활동해 나가면서 반다나의 에코페미니즘 사상도 깊어졌어요.

반다나가 십 대였던 1960년대의 서구 사회에서는 노동 운동, 흑인 운동 그리고 여성 운동이 활발하게 일어났어요. 격렬했던 이 운동은 모든 사람이 평등하다는 사실을 다시금 일깨워 줬어요. 이 열기와 함께 반다나가 이십 대로 접어든 1970년대는 환경 운동이 두드러지게 나타났어요. 사람들은 경제 발전이라는 명분 아래 환경을 무분별하게 파괴하는 행위가 결국 우리의 생명을 위협한다는 사실을 감지했고, 적극적으로 대응하기 시작했지요.

그런데 가만히 살펴보면 환경 운동에 주도적으로 나선 이들은 주로 여성들이었어요. 케냐의 '그린벨트 운동'을 주도한 사람은 왕가리 마타이Wangari Maathai예요. 환경 운동가이자 여성 운동가인 그는 여성들에게 가정 폭력에 대처하고 자립하는 방법을 알려 주었어요. 그리고 무분별한 벌목으로 훼손된 아프리카에 나무를 심자는 그린벨트 운동을 했어요. 이 공로를 인정받아 2004년에 노벨평화상을 수상하기도 했어요.

1978년, 미국 뉴욕의 산업 폐기물 문제를 제기한 '러브 운하Love Canal 운동'은 스스로를 어머니라 부르는 다수의 여성이 주도해 나갔답니다. 이 운동은 토양 오염 사고로부터 시작됐어요. 재정 문제로 운하 공사가 중단되어 생긴 러브 운하 웅덩이에 미국의 후커 화학 회사Hooker Chemical Company 가 유독성 화학 물질을 매립하면서 발생한 사건이에요. 러브 운하 지역에 살고 있던 로이스 깁스Lois Gibbs라는 여성은 자신의 아이가 여러 질병에 시달리는 이유가 땅에 묻힌 유독성 화학 물질 때문임을 발견하고 항의 시위에 나섰어요.

에코페미니즘

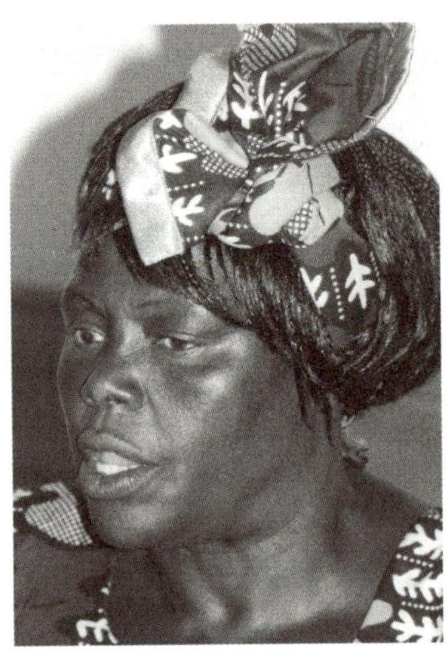

왕가리 마타이는 벌목과 기후 변화가 가져오는 사막화를 막기 위해 1977년부터 그린벨트 운동을 이끌었어요. 이후 30년 동안 아프리카 전역에 3천만 그루의 나무를 심었고, 사람들은 그를 '나무의 어머니'라고 불렀어요.

1978년, 러브 운하 지역 여성 주민이 항의에 나선 모습이에요.

반다나 시바, 상처받은 지구를 위로해

결국 정부가 나서 러브 운하 지역의 약 800가구를 대피 및 이전시켰지요.

마찬가지로 독일을 중심으로 일어난 원자력 발전소 반대 운동, 인도의 칩코 운동도 여성들이 주축이 된 환경 운동이었어요.

왜 여성들이 환경 운동에 앞장섰을까?

왜 유독 여성들이 먼저 환경 운동에 앞장서게 됐을까요? 그것은 산업 발전이 가져온 환경 파괴 문제가 남성보다 여성의 삶을 더욱 힘들게 만들기 때문이에요.

쉬운 예로, 사막 지역에 사는 여성은 가족의 식수를 담당해요. 그런데 환경 파괴로 사막화가 가속화되면 여성은 더 멀리 걸어가 식수를 길어 올 수밖에 없어요. 위험을 감수하고 가족의 식수를 책임져야 하는 건 여성의 몫이니까요.

그뿐 아니라 산업화가 진행되면서 많은 여성이 사회로 진출했는데, 여성들은 노동자로서 남성과 대등한 대우를 받지 못한다는 걸 알게 되었어요. 기업은 적은 임금으로 여성의 노동을 착취하면서 배를 불려 갔어요. 또한 가부장제와 자본주의가 결합해 점점 더 거대한 힘을 발휘했죠. 점점 더 많은 여성이 무엇이 문제인지

에코페미니즘

고민했어요.

"그래, 아주 오래전부터 남성은 여성을 열등한 존재로 취급해 왔어. 그래서 여성을 착취하고 여성에게 폭력을 가하는 걸 당연하게 여겼지. 인간이 맘대로 파괴하고 훼손시킨 자연을 봐. 남성한테 지배당한 여성의 모습과 너무나도 닮아 있어!"

여성들은 자연이 인간에게 지배당하는 것과 여성이 남성에게 지배당하는 것에 상관성이 있다고 주장했어요. 그 중심에는 정복과 지배의 원리로 작동하는 가부장제가 있었고요. 가부장제는 여성뿐 아니라 자연까지도 훼손시키고 파괴해 왔던 거예요.

여성들은 인간과 자연, 남성과 여성, 인간과 인간이 서로 관계를 맺는 방식에 획기적인 전환이 필요하다고 생각했어요. 그 결과 이 세상의 모든 생명체, 그러니까 남자, 여자, 강아지, 고양이, 물고기, 나무, 숲, 꽃, 풀, 지렁이, 흙까지도 평등함을 이야기하는 에코페미니즘 사상이 탄생하게 되었답니다.

'에코페미니즘'이란 용어는 1974년에 프랑스 작가 프랑수아즈 드본느Françoise d'Eaubonne가 《페미니즘이냐 아니면 죽음이냐Feminism or Death》라는 자신의 저서에서 처음 사용했어요. '생태학ecology'과 '페미니즘feminism'을 결합해 에코페미니즘ecofeminism이라는 용어를 만들었지요. 프랑수아즈 드본느와 여성 운동가들은 남성 중심의 가부장제를 비판하며 에코페미니즘의 개념을 세상에 내놓았어요. 단

반다나 시바, 상처받은 지구를 위로해

어 그대로 에코페미니즘은 여성 해방과 자연 해방을 동시에 추구
하는 이론이면서 운동이에요.

남성이 만든 근대 과학을 비판하며
에코페미니즘을 알리다

반다나 시바는 근대 과학을 비판하며 아시아 관점에서 에코페
미니즘을 세상에 알렸어요. 독일 쾰른전문대학교 사회학 교수인
마리아 미스Maria Mies와 반다나가 함께 쓴 《에코페미니즘》(1993)에
그의 주장이 담겨 있어요.

"모든 인류에게 두루 이익을 가져다주었다고 여겨 온 근대 과학
은 사실 가부장제 서양 남성들이 만들어 낸 기획물에 불과합니다.
근대 과학은 자연과 여성을 억압했고 통제했으며, 고유한 지식과
경험을 가진 지혜로운 여성을 역사에서 배제시켰어요."

반다나는 16~17세기 서양에서 태동한 근대 과학의 '기계론적
자연관'과 '환원주의'가 그러한 결과를 가져왔다고 지적해요.

근대 과학의 대표 주자로는 뉴턴을 꼽을 수 있어요. 나무에서 왜
사과가 떨어질까 의문을 가졌던 그는 모든 물체가 서로 잡아당기
는 힘이 있다는 것을 발견했어요. 이것을 '만유인력'이라 하고, 그

에코페미니즘

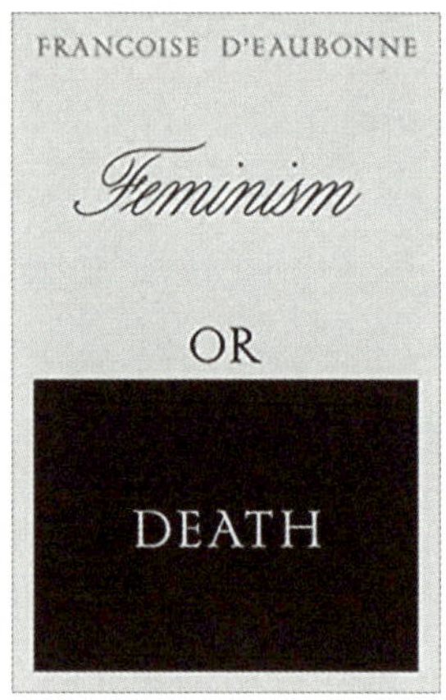

《페미니즘이냐 아니면 죽음이냐》에서 프랑스 작가 프랑수아즈 데본느가
'에코페미니즘'이라는 새로운 개념과 용어를 처음 소개했어요.

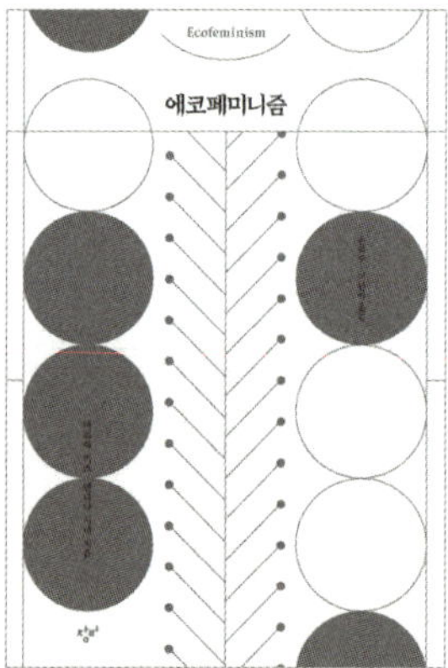

우리나라에도 소개된 《에코페미니즘》은 날로 심화되는 생태계 파괴 등 인류가
직면한 문제를 해결하기 위해 여성의 관점에서 실천적인 통찰이 필요함을 이야기해요.

반다나 시바, 상처받은 지구를 위로해

는 자연계에서 일어나는 모든 운동을 힘의 관계로 설명했어요. 하지만 사실 이 설명에는 문제가 있었어요. 위축하고 번성하며 수시로 변하는 자연을 마치 생명 없는 기계처럼 보았다는 점이에요. 따라서 사람들은 자연을 정복해야 하는 대상, 맘대로 파괴해도 되는 것으로 여겼어요.

만유인력은 모든 것이 당기는 힘이 있지만, 힘의 원리에 따라 강한 것이 약한 것에 영향을 미치지요. 만유인력은 과학자들뿐 아니라 정치학, 신학, 철학 모든 학문 분야에 영향을 미쳤어요. 강한 것이 약한 것을 지배하고, 힘세고 권력이 센 사람이 약한 사람을 지배하는 것이 당연한 현상으로 받아들여졌어요. 강한 나라가 약한 나라를 지배하고, 자본가가 노동자를 착취하고, 어른이 아이를 제압하고, 힘이 센 남성이 여성들에게 폭력을 가하는 것도요.

또한 근대 과학은 환원주의 특징을 지닐 수밖에 없어요. 복잡한 자연 현상을 몇 개의 요소로 쪼개어 다시 전체를 설명하려고 들기 때문이에요. 이러한 환원주의는 자연이 지닌 복합적이고 다양한 면을 무시하고 있어요. 더 나아가 사람들에게 환원주의에 의거해 만들어진 하나의 지식만이 옳고, 그밖에 다양한 의견은 잘못된 것이라는 인식을 심어 주기도 한답니다.

세상을 이해하는 방법은 다양해요. 이성적으로 꼼꼼하게 생각하는 방법도 있고, 직관으로 파악할 때도 있어요. 설명하는 방법

에코페미니즘

도 달라요. 숫자 계산도 하고, 그림으로 해석하기도 하지요. 환원주의는 그런 다양성을 고려하지 않고 하나만 옳다고 주장해요. 그러니 농부, 여성, 선주민들의 지식은 존중받지 못했지요.

반다나는 출산 과정에서 이같은 상황에 맞닥뜨리게 됐어요. 그가 서른 살에 첫 아이 카르티케야Kartikeya를 낳으러 산부인과에 찾아갔을 때였어요.

"선생님, 진통이 규칙적으로 오는 걸 보니 아이가 나오려나 봐요."

"어디 한번 봅시다……. 제왕 절개 수술을 하는 게 낫겠군요."

반다나는 다짜고짜 수술을 권유하는 의사를 뚫어지게 쳐다봤어요.

"네? 제가 느끼기엔 별 이상이 없어요. 저는 자연 분만을 하고 싶어요."

"난산이 될 수도 있습니다."

"그 정도는 저도 알고 있어요. 어떤 의료 사고와 잠재적 문제가 있는지도 잘 알고요. 제가 제왕 절개 수술을 받아야 하는 이유를 구체적으로 말씀해 주세요."

그의 질문에 의사는 마지못해 이렇게 대답했지요.

"당신은 아이를 낳기에 나이가 너무 많아요. 서른 살이나 먹은 산모라는 사실 하나만으로도 충분한 이유가 됩니다."

반다나는 의사의 말을 듣고는 망설임 없이 분만실을 박차고 나

반다나 시바, 상처받은 지구를 위로해

왔어요. 나이 때문에 제왕 절개를 권한 의사의 말보다 무탈하게 임신 기간을 보낸 자신의 건강한 상태를 믿었거든요. 반다나는 아버지에게 부탁해 자연 분만을 할 수 있는 작은 병원을 찾아갔고, 그곳에서 아무 탈 없이 아기를 낳았답니다.

이렇게 근대 과학은 자연과 여성을 무기력한 존재로 여기고, 지배를 당연시해 왔어요. 그렇게 함으로써 자연과 여성이 가진 온전한 생산성과 힘, 잠재력을 빼앗았어요.

양자 물리학을 공부한 반다나는 근대 과학의 기계론적 자연관과 환원주의의 한계를 잘 알고 있었어요. 양자 세계의 원리는 힘(경쟁)이 아닌 상호성이고, 각각의 물질은 서로 연결되어 있어서 혼자 살아남을 수 없으며 상대방을 살려야 내가 살아갈 수 있다는 것을요. 자연에 기대어 아이를 낳고 기르던 여성은 모든 생명이 유기적으로 연결되어 있다는 사실을 태생적으로 알고 있었어요. 돌봄과 보살핌을 간직한 여성 원리, 여성의 마음을 회복하는 것이 반다나가 말하는 에코페미니즘의 핵심이에요. 그리고 여성과 민중이 오랜 시간 쌓아 온 토착 지식을 중요하게 여기고, 칩코 운동과 같은 지역 풀뿌리 운동을 강조하지요.

에코페미니즘

반다나는 에코페미니즘에 대해 강연할 때 영국의 철학자 베이컨과 인도의 사상가 간디를 비교해서 들려주곤 해요. 17세기 중반 베이컨은 근대 철학의 선두에 서서 과학 시대를 이끌었어요. 베이컨 철학을 숭배하는 이들이 만든 자연 과학 진흥을 위한 런던왕립학회는 '남성적 세계관을 고양시키는 것'을 당시 자신들의 과제로 삼았다고 해요. 당연히 베이컨이 그 일에 앞장섰지요.

베이컨은 인간에게 자연을 이용할 수 있는 권한과 능력이 있다고 주장했어요. 과학의 목적은 자연을 정복해 인간의 물질적 생활을 향상시키는 데 있다고 했지요. 이를 위해 인간은 자연이 어떤 원리로 존재하는지를 알고, 자연을 이용할 수 있어야 한다고 말이죠. 심지어 자연을 노예로 만들어 인간에게 봉사하도록 해야 한다고까지 말했어요. 그리고 자신의 저서인 《남성적 사회의 출현 The Masculine Birth of Time》에서 남자가 생명과 자연을 가까이하면 여자처럼 된다고 썼어요.

베이컨은 아이를 돌보거나 꽃을 가꾸는 일은 여자들의 몫이라고 여겼어요. 당시 여성들은 생각할 능력이 없는 존재로 취급당했어요. 여성은 이류, 남성은 일류이며 여성은 남성의 부속품에 불과하다는 인식이 팽배했지요. 그러니까 남자가 생명과 자연을 가까이하면 여자와 같은 열등한 존재가 된다고 얘기한 거예요. 남자들 사이에서 그 말은 굉장한 모멸감을 담은 표현이었지요.

반면, 간디는 날마다 이런 기도를 드렸어요. '이지 무스트리 미 바나우. (신이시여, 나를 더욱 여성스럽게 하소서.)' 간디는 여성을 남성보다 훌륭하다고 이야기했어요. 특히 공감 능력에 대해서요. 공감 능력이란 나와 다른 처지에 있는 사람의 어려움과 고통을 함께 느끼는 거예요. 간디는 여성처럼 타인을 잘 이해할 수 있는 공감 능력을 갖길 원했답니다.

인도에는 카스트 계급에도 속하지 못하는 불가촉천민Untouchable people이 있지요. 인도인들은 이 계층의 사람과 닿기만 해도 더럽혀진다고 생각하기 때문에 이들과 마주치기를 꺼려해요. 불가촉천민은 화장실 오물을 치우는 등 카스트 계급에 속한 사람들이 하지 않는 힘든 일을 하며 살아가요. 간디는 이들을 귀하게 여겼고, 불가촉천민이란 말 대신 '하리얀(신의 자녀)'이라고 불렀어요. 또한 이들의 일을 먼저 나서서 거들고 두 팔로 감싸 안으며 위로했어요. 여성처럼 되기를 날마다 기도하면서 말이에요.

하지만 반다나는 여성들의 공감 능력이 선천적으로 주어진 것은 아니라고 강조해요.

"역사적으로 여성들은 모든 영역에서 차별받아 왔고, 불과 몇십

에코페미니즘

년 전까지만 해도 선거권도 재산권도 없었어요. 여성들은 남성 중심의 발전 프로젝트에서 철저히 배제되었지요. 차츰 여성들은 생존을 위해 서로 도와야 한다는 사실을 깨달았고, 타인의 입장을 이해하는 공감 능력을 발전시켜야 했어요. 여성들의 공감 능력은 생물학적으로 타고났다기보다는 역사 속에서 축적되었다고 보는 게 맞을 거예요.”

여성 차별의 역사는 고대 그리스 시대로 거슬러 올라가요. 고대 철학자들은 인간을 자연(신)과 분리시키고 인간만이 특별한 존재라고 여겼는데, 이러한 사상을 ‘인본주의’라고 해요. 고대 그리스의 철학자 프로타고라스는 ‘인간은 만물의 척도다.’라는 유명한 말을 남기기도 했지요.

근대로 넘어오면서 인본주의는 더욱 심화되었고, 근대 과학이 발전하면서 여성을 자연과 동일시했어요. 반다나는 이를 ‘여성의 자연화 naturalization’라고 표현해요. ‘여성은 자연과 가까운 존재이기 때문에 차별할 수 있다.’는 메커니즘이 생겨난 것이죠. 자연을 생명이 없는 원자재로 본 것처럼 여성을 성적 대상 또는 아기 낳는 도구로 보았어요. 기나긴 가부장제 남성 중심 역사에서 이는 너무나 당연한 일이었고, 여성에 대한 차별과 폭력을 종식시키기 위해 여성 운동이 등장하게 된 것이지요.

반다나가 에코페미니즘을 이야기할 때 꼭 짚고 넘어가는 ‘선주민’도 이 같은 차별의 메커니즘을 갖고 있어요. 우리나라에서는 ‘선주민’과 ‘원주민’이란 단어를 큰 차이 없이 혼용하고 있지만 제국주의 역사를 가진 서양에서는 최근에 선주민이라는 단어를 쓰고 있어요. 원주민이란 말을 차별의 표현으로 썼던 경험과 역사가 있기 때문이에요. 영국의 《브리태니커 백과사전》에 호주에 살던 선주민을 동식물로 묘사해 놓기까지 했어요. 그렇게 선주민을 사람이 아닌 자연으로 여겨 그들의 땅과 자원을 아무렇지도 않게 빼앗았죠. 무자비하게 이루어진 신대륙 개척의 역사가 이 사실을 뒷받침해 주고 있어요.

우리 모두가 연결된 ‘지구 민주주의’를 이야기하다

‘모든 것은 연결되어 있다.’고 반다나는 자주 말해요. 사실 이 말은 인디언 추장 시애틀의 연설문에 처음 등장했어요. 1855년 인디언의 땅을 강제로 정복하려는 미국 정부에 일침을 가한 연설이었죠.

“모든 것은 연결되어 있다. 땅에 닥치는 일은 무엇이든 땅의 아들과 딸에게도 일어난다. 인간이 생명의 그물을 짜는 것은 아니

에코페미니즘

다. 그들은 단지 그물 속의 한 올에 지나지 않는다. 그들이 그물에 저지르는 행위는 곧 자신에게 저지르는 것이다.”

'생명의 그물'을 존중하라는 시애틀 추장의 호소는 1970년대 이후 환경 운동가들에 의해 널리 퍼졌어요. 반다나는 이 같은 맥락에서 고대 인도의 세계관을 나타내는 '세계는 한 가족'을 이야기해요. 산책길에 만나는 풀 한 포기, 지렁이 한 마리까지 우리 모두는 지구 가족인 것이죠. 반다나가 주도하는 '지구 민주주의Earth Democracy' 운동은 이 세계관을 기초로 해요.

“지구 민주주의는 어떤 하나의 개념이 아니에요. 우리 인도의 세계관이자 평화, 정의, 자유 그리고 지속 가능성을 위한 운동, 이 모두를 가리키죠.”

우리가 알고 있는 민주주의는 기업을 위한 국가로 변질된 지 오래예요. 반다다는 '민주주의가 돈에 잡아먹혔다.'고까지 표현해요. 우리가 지금 왜 민주주의를 제대로 세워야 하는가를 계속해서 물어야 한다고 이야기하지요. 그 질문에 대한 답을 찾아가는 여정

지속 가능성sustainability

지속 가능성의 정의는 고정돼 있지 않아요. 생태학적 용어로 쓰일 때의 지속 가능성은 자연이 생물 다양성과 생산성을 미래로 유지할 수 있는 능력을 뜻해요.

이 바로 '지구 민주주의 운동'이에요.

간단히 말해, '지구 민주주의 운동'은 우리가 건강한 지구의 일부임을 깨닫고, 생태 중심의 대안적인 삶을 살아가려는 노력이기도 해요. 그러려면 우리는 모든 지구 가족의 평화와 자유, 주권을 보호하기 위해 힘써야 해요. 물에 대한 권리, 씨앗과 음식에 대한 권리, 그리고 우리 생명에 대한 권리를 배워 나가는 것도 이 운동의 일환이에요.

"지구에서 살아가려면 이제 우리는 새로운 패러다임이 필요해요. 나는 '어머니 지구Mother Earth'의 권리를 존중하면서 지구 공동체로 살아가는 이 새로운 패러다임에 '지구 민주주의'라는 이름을 붙였어요. 우리는 단지 돈을 벌고 자원을 낭비하는 기계인가요? 아니에요. 지구 가족의 일원인 우리는 더 높은 목적을 갖고 있어요. 우리에게 가장 첫 번째로 중요한 일은 바로 지구를 돌보는 것이죠. 지구를 더 잘 돌볼수록 우리는 더 많은 식량과 물, 건강, 그리고 풍요를 얻을 수 있어요."

반다나는 2005년에 지구 민주주의의 내용을 정리한 책《지구 민주주의: 정의, 지속 가능성 그리고 평화Earth Democracy: Justice, Sustainability, and Peace》를 발표했어요. 이 책은 그가 쓴 책 가운데 가장 많이 팔렸답니다. 사람들은 이제 잘 알고 있어요. 지구와 우리의 일, 우리의 삶, 우리의 민주주의를 지키기 위해 생태 패러다임으로 전환해야

에코페미니즘

한다는 사실을요.

반다나는 여전히 희망적이에요. 왜냐하면 우리는 증오와 폭력이 아닌 사랑과 연민을 통해 서로 연결되어 있다고 믿기 때문이에요. 50대 중반 이후부터 현재까지 반다나는 지구 민주주의를 자신의 비전으로 삼고 왕성한 활동을 이어 오고 있어요.

반다나의 지구 민주주의 사상은 인도의 세계관뿐 아니라 그가 공부한 물리학에도 기반을 두고 있어요. 에코페미니스트로 활발한 활동을 펼쳐 나가는 반다나가 양자 물리학을 공부한 이력은 많은 이들에게 흥미롭게 다가갔어요. 사람들은 종종 양자 물리학이 반다나의 활동에 어떠한 영향을 미쳤는지 묻곤 해요.

반다나는 수많은 인터뷰나 강의에서 '우리 모두는 연결되어 있다.'고 자주 표현하는데, 그것은 현대 과학의 핵심 원리라고 설명해요. 뉴턴의 힘의 원리를 전면적으로 뒤집고 확산한 양자 역학의 원리는 '연결'이거든요. 말하자면, 뉴턴의 고전 물리학에서 세상의 모든 것은 고정값을 같고 질서에 따라 움직인다고 보았지만, 이후 현대물리학과 양자 역학에서는 고정되었다고 생각했던 것들이 상대적이며 서로 연결되어 영향을 미친다고 밝혀냈지요.

에코페미니즘의 핵심도 이와 같아요. 에코페미니즘이란 용어를 형성하는 한 축인 생태주의는 인간과 자연과 사회가 서로 영향을 주고받으며 조화롭게 존재하는 생명의 그물망을 의미해요.

생태주의는 이 세상의 모든 것이 생태학적 연결망을 통해 긴밀히 연결되어 있다고 이야기해요. 만일 그 연결망이 훼손되거나 끊어지면 어떻게 될까요? 아마 고통과 아픔에서 자유로울 수 있는 존재는 하나도 없을 거예요. 그러니 결코 나와 너를 구분하거나 차별할 수 없어요.

이렇게 이 세상의 모든 존재가 서로 연결되어 있다는 것을 자각하고 서로 존중하고 돌보는 것을 생태적 세계관이라고 해요. 에코페미니즘은 생태적 세계관을 실천하는 운동이랍니다. 어떤 사람들은 에코페미니즘이 여성만이 옳고 희망을 만들어 간다고 주장하는 사상이 아니냐고 묻기도 해요. 그럴 때 반다나는 다음과 같이 말해요.

"현실을 직시하는 거예요. 결코 남성들이 거부감을 가질 일이 아니에요. 남성들도 함께 에코페미니스트가 될 수 있어요. 에코페미니즘은 여성이냐 남성이냐의 문제가 아니에요. 또 우리는 자연이 살아 있고, 창조적이라는 사실을 알아야 해요."

1980년대 초 고향 마을 여성들과 함께 환경 운동에 매진하던 반다나는 인도를 발칵 뒤집은 두 사건으로 인해 활동 방향을 확장해 나가게 돼요.

에코페미니즘

4

Vandana Shiva

인도의 아픔을
지켜보며

녹색 혁명의
폭력

산업농 패러다임은 전쟁에 뿌리를 둔다.
이 패러다임은 모든 곤충과 풀은 독으로 박멸되어야 하는
일종의 적이라는 인식을 기초로 하며, 더 새롭고 더 강력한
폭력의 도구를 끊임없이 찾고 있다.

반다나 시바 저 《이 세계의 식탁을 차리는 이는 누구인가》 중에서

서른 초반의 반다나는 평화로운 나날을 보내고 있었어요. 그리고 그런 시
간이 한동안 계속될 것만 같았지요. 하지만 1984년에 인도를 발칵 뒤집은
펀자브 시크교도 대학살 사건과 보팔 가스 참사의 원인을 연구하며 '녹색
혁명'에 눈뜨게 돼요.

반다나 시바, 상처받은 지구를 위로해

펀자브 시크교도 대학살 사건

1980년대 초 반다나는 과학·기술·생태연구재단 이사로 연구원들과 함께 히말라야의 벌목 금지, 물 부족 문제, 대형 댐 건설 중지를 위한 풀뿌리 운동에 매진했어요.

그즈음 반다나는 공학 물리학 박사인 자얀토 반디오패드헤이Jayanto Bandyopadhyay와 결혼해서 가정을 꾸렸고, 아들 카르티케야를 낳았지요. 반다나는 자얀토를 가리켜 '배움의 파트너'라고 칭했어요. 그는 세계의 산들을 경제 성장과 자연환경을 중심으로 연구했고, 특히 히말라야에 관심이 많았어요. 부부는 칩코 운동 등에 관한 논문을 함께 쓰기도 했어요.

한동안 조용한 날들이 지속되는 것 같았어요. 인도 내부적으로도 파키스탄과의 국경 분쟁이 정점을 찍고, 1971년 파키스탄으로부터 방글라데시가 독립해 나온 뒤 평화의 시대가 찾아오는 듯했지요. 하지만 그 기간은 그리 오래가지 않았어요.

1984년 6월, 인도 북부 펀자브 지방에서 시크교도 학살 사건이 일어났어요. 시크교 Sikhism 는 15세기 말경 펀자브 지방을 중심으로 탄생한 종교예요. 그래서 펀자브에는 힌두교 신도들보다 시크

● **시크교** 구루 나나크가 힌두교의 신애 신앙과 이슬람교의 신비 사상을 절충하여 창시한 종교예요.

인도의 아픔을지켜보며

교 신도들이 훨씬 많았어요. 펀자브의 시크교도는 오랜 세월 동안 인도로부터 독립을 요구했어요. 1984년에는 자르나일 싱 빈드란왈레Jarnail Singh Bhindranwale를 중심으로 한 급진 시크교도들이 세력을 키워 '칼리스탄Khalistan'이라는 시크교도의 나라를 건설하자고 무장 투쟁까지 하고 나섰지요.

인디라 간디 총리는 이들을 국가의 분열을 꾀하는 반정부 세력으로 규정하고 소탕하기로 결정했어요. 시크교도의 성지인 펀자브 암리차르Amritsar의 황금사원에 정부군을 보내 자르나일 싱 빈드란왈레를 비롯해 시크교 분리주의자들을 무참히 살해했어요.

"탱크와 박격포를 동원해도 좋다. 공격을 시작하라!"

1984년 6월 1일에서 8일까지 코드명 '블루 스타 작전Operation Blue Star'으로 희생된 사람들은 정부군을 포함해 약 400명이나 됐어요. 황금사원은 부서졌고, 성지는 온통 붉은 피로 물들었어요. 하지만 피의 전쟁은 그것으로 끝나지 않았어요. 그로부터 4개월 후인 1984년 10월 31일에 인디라 간디 총리가 자신의 관저를 지키던 시크교도 경호원들에게 암살당하고 말았어요. 총리 편에 섰던 정치 세력들이 군중을 선동해 시크교도 축출에 나섰어요. 시크교도를 향한 군중의 분노가 들불처럼 일어났지요.

"피에는 피! 시크교도를 죽여 인디라 간디의 원수를 갚자!"

"각목, 쇠몽둥이, 어떤 것으로든 무장하자!"

반다나 시바, 상처받은 지구를 위로해

황금사원을 뒤로 한 시크교도 순례자의 모습이에요.
시크교도의 특징은 수염이나 머리카락을 자르지 않고 머리에 터번을 둘러요.

"길거리에서 시크교도를 만나면 그 자리에서 없애자!"

"시크교도가 운영하는 상점을 약탈하자!"

그 결과 인디라 간디가 사망한 다음 날부터 나흘 만에 3천 명 이상의 시크교도들이 무고한 생명을 잃었어요. 이 사건은 현재까지도 인도 사회에 깊은 상처로 남아 있답니다. 학살의 책임을 묻는 재판이 지금까지도 진행 중에 있어요. 사람들은 이 사건을 돌이켜보며 인도가 또다시 종교 갈등으로 큰 유혈 사태를 겪었다고 이야기했어요.

종교가 아닌 녹색 혁명 때문이야

반다나는 시크교도 대학살의 원인을 종교 분쟁이 아닌 다른 곳에서 찾았어요. 그것은 바로 펀자브 지방에서 시행된 '녹색 혁명Green Revolution'이에요!

'펀자브'는 힌디어로 '다섯 강의 땅'이라는 뜻이에요. 그만큼 물과 일조량이 풍부해 펀자브에는 비옥한 토지가 많았어요. 1960년대 중반 인도는 내전과 계속된 가뭄으로 최악의 기근에 시달렸어요. 인디라 간디 총리는 이 문제를 해결하기 위해 물 공급이 원활하고 성공적인 농업 역사를 갖고 있는 펀자브에 '녹색 혁명'을 도

반다나 시바, 상처받은 지구를 위로해

펀자브는 인도의 녹색 혁명을 주도했고, '나라의 밀 바구니'라는 호칭을 얻었어요.
당시 인도의 대부분 식량을 펀자브가 책임졌다는 비유적 표현이에요.

인도의 아픔을 지켜보며

입하기로 결정했어요.

'녹색 혁명'은 1960년대 개발 도상국에서 시행된 식량 생산 증대 정책이에요. 씨앗을 개량하고, 물 공급 시설을 개발하고, 화학 비료 및 농약 등을 사용해 식량 생산을 폭발적으로 늘리는 것이지요. 신품종 밀을 개발해 멕시코 등에 도입한 노먼 어니스트 볼로그 Norman Ernest Borlaug 박사는 개발 도상국의 빈곤과 기아를 해결했다는 공로로 1970년에 노벨평화상을 받기도 했어요.

하지만 인도의 '녹색 혁명' 도입은 1960년대 '적색 혁명●'에 위협을 느낀 미국이 주도한 일이기도 해요. 당시 미국은 중국과 접해 있는 인도에서도 공산주의가 득세할 거라고 생각했어요. 빈곤에 시달리던 인도의 소작농들이 폭도가 되거나 공산당에 가입하는 것을 막으려면, 이들의 배고픔을 빨리 해결해야 했지요. 미국은 인도가 녹색 혁명을 채택하게 함으로써, 공산주의 확산을 빠르게 막는 데 성공했어요. 인도 정부는 녹색 혁명을 적극적으로 지원하고 나섰어요.

"뭐 하러 다양한 작물을 기릅니까? 품종 개량된 밀과 쌀을 단일 경작하면 돈을 더 많이 벌 수 있어요!"

"이제 전통적인 농법은 버리세요. 화학 비료와 농약을 사용해

● **적색혁명** 사회주의나 공산주의를 목표로 하는 혁명을 의미해요.

반다나 시바, 상처받은 지구를 위로해

노먼 어니스트 볼로그 박사는 '녹색 혁명의 아버지'라고 불려요.
그는 미국의 미네소타 대학에서 식물병리학과 유전학 박사 학위를 받았어요.
수확량이 많고 병충해에 강한 신품종 밀을 개발해 전 세계 10억 명 이상의 사람들을
굶주림에서 구했어요. 하지만 농약과 화학 비료 과다 사용, 지하수 고갈, 종 다양성 파괴,
소농 감소와 농촌 빈부 격차 확대 등 다양한 측면에서 비판받기도 해요.

인도의 아픔을지켜보며

농사를 지으면 수확량이 폭발적으로 늘어날 겁니다!"

"화학 비료와 농약의 수요가 늘 테니, 공급에 문제가 없도록 생산 공장을 늘리겠습니다."

"농사에 필요한 물은 걱정하지 마세요. 우물을 파고 펌프를 설치하면 됩니다. 그 돈은 정부가 빌려줄 거예요. 큰 댐도 건설할 거고요."

모두들 당장에 늘어난 농업 생산량에 눈이 멀어 녹색 혁명이 훗날 어떤 피해를 가져올지에 대해서는 상상도 하지 못했어요.

농민 봉기를 불러온 녹색 혁명

녹색 혁명의 결과 1970년까지 펀자브는 인도 전체 식량 곡물의 70퍼센트를 생산했고, 농민 소득 역시 같은 증가율을 보였어요. 펀자브는 인도의 전반적인 경제를 지원했을 정도로 풍요를 누렸어요. 녹색 혁명의 가장 유명한 성공 사례로 극찬받기도 했지요.

하지만 반다나는 그 이면을 살펴봐야 한다고 주장했어요. 애초에 녹색 혁명은 품종 개량된 씨앗과 화학 비료, 살충제를 사고 물을 퍼 올리기 위한 펌프를 설치할 돈이 있는 부농들에게 유리했어요. 펀자브의 소농은 녹색 혁명이 필요로 하는 값비싼 투자 비용을 감당할 수 없었죠. 정부 지원금도 돈 있는 농부들의 몫이었어요.

정부 정책에 따라 농사를 지었는데 시간이 지날수록 소농들은 빚만 늘어 갔어요. 결국 얼마 안 되는 땅마저 지주들에게 넘겨야만 했죠. 지주들은 소농의 땅을 넘겨받아 대규모 농장으로 키웠어요. 늘어난 식량 생산의 혜택은 오롯이 지주들에게 돌아갔고, 소농들은 여전히 가난에 시달렸어요.

하지만 인디라 간디는 가난한 농민의 어려움은 아랑곳하지 않

앉은키밀

우리나라 토종 작물인 '앉은키밀'이에요. 다른 밀보다 키가 작아서 붙여진 이름이지요. 앉은키밀은 높은 생산성과 강한 생명력이 특징이에요. 사실 노먼 볼로그 박사가 개발한 신품종 '소노라64호'는 우리나라의 앉은키밀에서 유전자를 받았어요. 소노라64호는 일본이 개량한 '농림10호'와 멕시코 재래종을 교잡한 종인데, 일제 강점기에 일본이 앉은키밀을 가져다가 농림10호를 개발했거든요. 그런데 1960~1980년대에 우리나라에도 녹색 혁명이 도입되고, 값싼 수입 밀가루가 들어오면서 앉은키밀 재배가 끊겼어요. 한참 후인 2012년 백관실 진주 금곡 정미소 대표가 보존하고 있던 앉은키밀이 농촌진흥청 연구관에게 알려지면서 다시 재배하기 시작했어요. 현재는 가장 사랑받는 우리 토종 밀이 되었답니다.

인도의 아픔을지켜보며

았어요. 대신 시크교의 분리주의자들을 자극했어요. 펀자브 사람들 대부분이 시크교를 믿었으니, 농민들도 시크교도였겠지요? 1984년 5월, 참다못한 농부들은 정부 청사 앞에서 시위를 벌였고, 인도 식량 법인에 곡물 판매 중지를 요청했어요.

"정부는 펀자브를 인도의 식량 공급 센터로 만들었다. 하지만 펀자브는 다른 도시의 엘리트들에게 값싼 음식을 제공하기 위한 식민지로 취급받을 뿐이다!"

"지난 3년 동안 모든 땅에 밀을 심었지만, 우리에게 돌아온 건 산더미처럼 쌓인 빚뿐이다. 우리는 다른 지역의 사람들을 먹이기 위해 인질로 잡혀 있다. 우리는 이런 상황을 바꿀 것이다!"

"우리는 농사짓는 방법을 맘대로 선택할 수 없고, 수확한 농산물의 가격도 맘대로 결정하지 못한다. 심지어 농사에 필요한 강물도 우리 맘대로 쓸 수 없다. 델리Delhi가 바크라 댐Bhakra Dam을 통제하고 있기 때문이다. 우리는 노예나 다름없다!"

"녹색 혁명으로 수확량 증대는 이미 1970년대에 정점을 찍었다. 우리는 그 후에도 수확량을 안정화시키기 위해 농약을 쏟아부어 농사를 지었다! 그리고 앞으로도 화학 비료를 점점 더 많이 써야 한다!"

"해충이 늘고, 흙이 죽어 가고, 물이 사라지고 있다! 이제 우리는 참지 않을 것이다. 1984년 6월 4일, 델리에 곡물 공급을 차단할 것

반다나 시바, 상처받은 지구를 위로해

이다!”

편자브의 농민 봉기에 인디라 간디 총리는 공정한 식량 가격 체계를 만드는 등 해결책을 제시하는 대신, 군대를 보내 그들을 잔인하게 학살했어요.

‘녹색 혁명으로 빚에 시달리던 편자브 농민들이 착취를 거부하고 독립을 요구하는 봉기를 일으킨 거야. 그런데 정부는 이 사건을 종교 분쟁으로 몰아가고 있어! 왜 농민들의 외침에 귀 기울이지 않는 거지?’

녹색 혁명의 시스템대로라면 식량 생산 증가와 함께 농민들의 삶도 풍족해지는 게 맞지요? 사람들은 숫자로 보여지는 경제적 성장이 평화를 가져올 거라고 믿었어요. 하지만 편자브는 갈등과 폭력이 가득한 땅이 되어 버렸어요. 어찌 된 일일까요? 반다나는 녹색 혁명이 왜 이렇게 폭력적인지 더 관심을 갖고 살펴보기 시작했어요.

20세기 최악의 산업 재해, 보팔 가스 누출 사고

반다나의 시야가 농업으로 확장되고 있을 때, 이번엔 인도 보팔 Bhopal에서 20세기 최악의 산업 재해로 불리는 가스 누출 사고가 발

인도의 아픔을 지켜보며

생했어요. 펀자브의 충격이 채 가시지 않은 1984년 12월 3일 새벽의 일이었어요. 보팔에 위치한 미국계 다국적 기업인 유니언 카바이드Union Carbide의 살충제 공장에서 치명적인 가스 아이소사이안화 메틸MIC이 27톤이나 새어 나와 주말 밤 곤히 잠든 사람들을 한순간에 덮쳤어요. 아이소사이안화 메틸은 살충제와 제초제, 의약품 합성의 원료로 사용되는 독극물이에요. 굉장히 적은 양으로도 사람의 눈과 폐에 심각한 손상을 일으키고, 중추 신경계와 면역 체계를 파괴하지요.

사고가 나던 날 자정 무렵, 공장 직원이 610번 저장 탱크의 온도가 치솟고 압력이 높아진 걸 알아챘지만 손쓸 방법이 없었어요. 가스 누출 방지 안전 시스템도 작동하지 않았어요. 사태가 심각해지자 공장은 노동자들에게 대피 명령을 내렸어요. 하지만 맹독성 가스는 바람을 타고 마을로 흘러들었어요. 보팔 메디컬 어필•The Bhopal Medical Appeal 사이트에 소개된 보팔 참사 생존자들은 그날의 일을 다음과 같이 기억하고 있었어요.

"밤 12시 30분쯤에 아기가 심하게 기침하는 소리에 잠에서 깼어요. 흐릿한 빛 속에서 아이의 방이 하얀 연기로 가득 차 있는 걸 봤

• 보팔 메디컬 어필 영국에서 일반 시민들이 힘을 합쳐 인도의 보팔 가스 참사 희생자들에게 무료로 의료 지원을 하기 위해 시작됐어요. 보팔에 위치한 삼바브나 클리닉(Sambhavna Clinic)을 운영하며, 보팔 참사 유가족의 권리 찾기와 생존자들의 법적 보상 운동을 전개하고 있어요. (bhopal.org)

어요. 그때 사람들이 '달려요. 도망쳐요!'라고 외치는 소리가 들렸어요. 저도 곧 숨쉴 때마다 불길에 휩싸인 것 같은 기침을 하기 시작했어요. 눈도 화끈거렸죠."

"누군가가 우리 몸에 매운 고추를 가득 채운 것 같았어요. 눈물이 나오고, 코에는 콧물이 가득했고, 입에는 거품을 물었죠. 기침이 너무 심해서 사람들이 고통으로 몸부림치고 있었어요. 모두 살기 위해 무작정 달렸어요."

"달리다가 넘어진 사람들 위로 다른 사람들이 계속해서 쓰러지고 짓밟혔어요. 살기 위해 서로를 기어 올라갔죠. 심지어 소들도 쓰러진 사람들을 짓뭉개며 도망갔어요."

공포에 휩싸인 사람들이 한꺼번에 보팔을 탈출하기 시작했어요. 사람들을 안전하게 대피시켜야 할 아르준 싱Arjun Singh 수상도 도망치기 바빴지요. 미처 대피하지 못한 아이와 노인의 희생이 특히 컸어요. 길거리와 강물에는 시체와 동물 사체가 넘쳐났고, 보팔은 한순간에 유령 도시로 변했어요.

인도의 아픔을 지켜보며

황폐해진 보팔

참사 직후에는 사고의 원인을 정확히 몰랐어요. 반다나의 언니인 미라 박사도 의료 구호를 위해 보팔에 파견됐는데, 언니를 포함한 의료진과 정부가 유니언 카바이드사에 해독제를 찾을 수 있도록 어떤 가스가 누출됐는지 알려 달라고 다급하게 요청했어요. 하지만 유니언 카바이드 본사에서는 이런 대답이 돌아왔어요.

"그건 말할 수 없습니다. 기업 비밀이에요."

유니언 카바이드사는 오로지 기업의 이윤을 위해 수많은 사람을 죽게 내버려 뒀어요. 사고 당일에만 3,787명이 숨졌다고 해요. 전체 50만 명의 가스 누출 피해자가 발생했고, 그중 지금까지 2만 5천 명이 넘는 사람들이 그와 관련된 질병으로 죽었고, 여전히 죽어 가고 있어요. 12만~15만 명으로 추산되는 생존자들은 여러 암, 호흡기 질환, 시각 장애, 심장 질환, 생식 장애와 같은 건강 문제로 지금도 고통받고 있지요.

하지만 이 사건의 주범인 유니언 카바이드사는 참사 5년이 지난 1989년에야 인도 정부에 4억 7천만 달러의 보상금을 지불했을 뿐이에요. 피해자 한 명에게 돌아간 금액은 550달러_{한화 약 55만 원}였지요. 협상에 나선 인도 정부는 굉장히 무능했어요. 게다가 1999년에는 유니언 카바이드사가 다국적 화학 기업인 다우 케미칼_{Dow}

Chemical에 인수되면서 다우 케미칼은 보팔 참사의 법적 책임이 자신들한테 없다고 발뺌했지요.

2010년에 이르러서야 보팔 지방 법원은 참사 당시 유니언 카바이드사의 회장 워런 앤더슨Warren Anderson과 인도 지사 경영진에게 '과실 치사' 혐의를 적용해 징역 2년을 선고했을 뿐이에요.

공장에서 나온 독극물로 인해 보팔의 토지는 황폐해졌고 지하수는 오염됐어요. 그런 환경에 노출된 많은 여성들이 부인과 질환에 시달리고 있고, 2000년대 이후에 태어난 참사 생존자들의 3세대까지도 선천적 장애를 갖고 있다고 해요. 과연 이 참사의 끝은 어디일까요?

"그날 목숨을 걸고 탈출에 성공한 이들은 불운한 사람들이에요. 운이 좋은 사람들은 그날 밤 죽은 사람들이지요."

보팔 참사가 원인이 되어 암으로 5명의 가족을 잃은 어느 생존자의 이야기가 가슴을 아프게 해요.

농약 공장으로 변신한 화학 무기 공장들

왜 하필이면 이날 가스 탱크의 안전 장치가 작동하지 않았을까요? 단지 우연에 불과한 일이었을까요? 아니에요. 이런 산업 재해

인도의 아픔을지켜보며

는 결코 우연히 일어나지 않아요. 보팔 가스 누출 사고의 이면에는 어떤 사실이 숨겨져 있을까요?

반다나는 강력한 의심을 품고 유니언 카바이드사에 대해 조사하기 시작했어요. 그리고 어마어마한 사실을 알게 되었죠. 농약 회사로 탈바꿈하기 전에 이들은 무엇을 만들었을까요? 바로 화학 무기였어요! 독가스 등의 화학 무기는 전쟁에서 사람들을 대량 살상하는 데 쓰여 왔죠. 어떻게 이런 무기를 만들던 회사가 사람들의 식량을 책임지는 농업에 관여하게 된 걸까요?

보팔을 죽음의 땅으로 만든 아이소사이안화 메틸은 제1차 세계 대전(1914~1918년) 때 독가스로 사용된 '포스겐'과 '시안화 가스'가 섞인 강한 독성을 가진 화학 물질이에요. 제1차 세계 대전 기간에 약 200여 차례 화학 무기가 사용됐고, 총 130여만 명의 사상자가 발생했어요. 웬만한 크기의 도시 하나가 사라진 셈이지요. 화학 무기의 잔혹함과 후유증에 시달리는 사람들을 목격한 서구 선진 국들은 제1차 세계 대전 이후 '화학 무기 금지 조약●4'에 나섰어요.

사람들은 환영했지만, 화학 무기 제조 기업들은 심각한 위기를 느꼈어요. 이미 세워 놓은 공장을 계속 가동하고 싶어 했죠. 이들은 화학 무기를 만드는 과정에서 곤충에게 치명적인 화학 물질을

● **화학 무기 금지 조약**　화학 물질이 전쟁 목적으로 사용되는 것을 방지하고, 화학 무기 개발 및 생산·비축·사용을 금지하는 조약으로 제1차 세계 대전 이후 협의가 진행되어 1997년 4월에 최종 발효됐어요.

반다나 시바, 상처받은 지구를 위로해

보팔 참사 30주년인 2014년 12월 2일,
시민들이 만든 보팔 추모 박물관이 문을 열었어요.
유니언 카바이드사 공장에서 2.5킬로미터
떨어진 곳에 있어요. 보팔 참사의 유물과
기록을 수집하고 전시해요.

2006년 9월, 보팔 참사 희생자들이
유니언 카바이드사 회장 앤더슨 회장의
인도 송환을 요구하며 시위를 벌였어요.

인도의 아픔을 지켜보며

발견했던 터였어요.

"화학 무기 제조 기업은 농약을, 폭탄 공장은 질소 비료를 만들어 봅시다. 해충을 죽이고, 곡물 생산량을 늘리는 데 탁월한 효과가 있어요. 그러면 공장을 닫지 않고 돈을 계속 벌 수 있어요!"

여기에 화학 회사였던 몬산토Monsanto 같은 기업들이 가세해 1940년대에 살충제와 비료로 큰돈을 벌었어요. 지금은 유전자 변형 유기체, 즉 GMOGenetically Modified Organism에 주력하는 다국적 종자 기업인 몬산토는 1944년 최초의 화학 살충제로 알려진 DDT를 만든 회사예요. 훗날 반다나는 '생태 학살ecocide'이라는 죄목으로 몬산토를 국제 법정에 세우는 데 앞장서요. '생태 학살'이란 인간을 포함한 한 종의 건강과 안녕을 해치거나, 생태계를 파괴하는 등 환경 정의 원칙을 위반하는 행위를 말해요. 하지만 아직 유엔은 생태 학살을 국제 범죄로 인정하고 있지 않아요.

1960년대 중반 베트남 전쟁에서 미국군이 밀림의 나무를 죽이기 위해 무차별적으로 살포한 고엽제 '에이전트 오렌지' 역시 몬산토가 공급했어요. 1970년대에 들어 DDT와 에이전트 오렌지는 사람에게 치명적인 해를 끼친다고 밝혀져 법으로 사용이 엄격히 금지됐어요.

기업들은 쉬지 않고 또 다른 제초제를 개발했어요. 이를 사용하면 잡초를 없애고 손쉽게 농사지을 수 있다고 대대적인 광고를 했

베트남의 농경지에 고엽제인 에이전트 오렌지를 살포하는 미군 휴이 헬기 모습이에요.
에이전트 오렌지는 미국 국방부가 의뢰해 주로 몬산토와 다우 케미칼에서 제조했어요.

인도의 아픔을 지켜보며

지요. 하지만 농약이 생태계와 사람에게 얼마나 위험한가에 관해서는 말하지 않았어요. 이들은 오로지 자신들이 살아남기 위해 화학 물질을 만들어 냈어요.

그즈음 녹색 혁명으로 품종 개량된 씨앗이 보급되자 농약과 화학 비료는 전 세계로 팔려 나갔어요. 펀자브에 녹색 혁명이 도입되던 시기, 1967년 인도 뉴델리에서 열린 한 회의에서 노먼 볼로그 박사는 화학 비료의 역할을 강조했지요.

"만일 제가 여러분 나라의 국회의원이라면 15분마다 자리에서 일어나 '비료를! 농민에게 더 많은 비료를!'이라고 목청껏 외쳤을 겁니다. 인도에 이보다 더 시급한 메시지는 없습니다. 비료는 인도에 더 많은 식량을 가져다줄 것입니다."

1965년과 1966년 연이은 가뭄 때문에 곡물 생산량이 5분의 1로 추락했어요. 오랫동안 자급 자족을 중요시했던 네루 정부도 외국에 도움을 청할 수밖에 없었어요.

이때 농업용 화학 물질 사용을 장려하던 미국과 세계은행이 한 가지 조건을 내세웠어요. 인도가 품종 개량된 씨앗과 농약을 함께 수입할 때 곡물을 보내 주겠다는 것이었어요. 펀자브가 녹색 혁명을 도입한 것도 이 때문이었어요. 이를 두고 반다나는 이렇게 말했어요.

"1960년대 중반 '녹색 혁명'이라는 꼬리표를 달고 '종자, 화학 비

반다나 시바, 상처받은 지구를 위로해

료 패키지’가 개발 도상국에 수출될 준비를 마쳤어. 펀자브 폭력 사태와 마찬가지로 보팔 참사 뒤에도 녹색 혁명이 숨어 있었던 거야!”

‘농약’의 위험성을 알린 사건

왜 미국계 기업이 인도의 보팔에 공장을 지었을까요? 보팔에 유니언 카바이드사가 세워진 건 1969년이었어요. 일찍이 산업화를 거치며 심각한 환경오염과 공해를 겪은 서구 선진국들은 자국 내 환경 규제를 강화하기 시작했어요. 기업들은 공해 방지 시설과 폐기물 배출 시설 등을 새로 설치해야 했지요. 그 비용을 감당하기 싫었던 기업들은 개발 도상국으로 눈을 돌려 공장을 옮겼어요. 개발 도상국들은 경제 발전을 목적으로 이러한 공장들을 적극적으로 유치했어요. 안전 시설을 제대로 갖추지 않아도, 환경을 파괴하는 화학 물질을 함부로 배출해도 아무런 제재가 없었어요. 보팔의 유니언 카바이드사 공장에서는 1980년대 초부터 독극물이 누출되어 노동자들이 죽거나 다치는 사고가 잇따랐어요. 하지만 회사도 주 정부도 이를 무시했어요.

녹색 혁명을 뒷받침하는 산업에서 이런 사고가 반복되면서 결

인도의 아픔을 지켜보며

국 보팔 참사로 이어진 거예요. 이는 농약이 사람을 죽일 수 있다는 걸 보여 준 사건이었어요. 반다나는 뭔가 크게 잘못되어 가고 있다는 걸 알았어요. 1984년 말, 반다나는 자신에게 물었어요.

'우리의 식량을 생산하는 지배적인 농업 모델인 '녹색 혁명'이 왜 많은 폭력을 가져오는 걸까?'

그는 펀자브 농민 봉기에 이은 보팔 가스 누출 사고의 진짜 원인인 '녹색 혁명'을 더욱 깊게 연구하기로 마음먹었어요.

녹색 혁명의 부작용

마침 반다나는 유엔대학교●United Nations University에서 진행하는 '평화와 글로벌 혁신 프로그램'에 참여하고 있었어요. 인도의 천연자원, 특히 산림과 물을 둘러싼 분쟁에 관한 연구를 하고 있었죠. 그러던 중 펀자브 사태와 보팔 참사가 일어난 거예요. 반다나는 유엔대학교와 상의했어요.

"현재 보고된 것보다 더 깊은 갈등과 폭력이 있을 거란 생각이 들어요. 특히 농업 분야에서 자세히 조사할 필요가 있습니다. 제

● **유엔대학교**　유엔의 자치 기관으로 인류의 존속과 발전, 복지에 관한 세계 문제를 연구하기 위한 대학원 과정의 대학이에요.

반다나 시바, 상처받은 지구를 위로해

가 그와 관련된 연구와 조사를 해도 될까요?"

"물론이죠!"

조사를 하려면 종종 현장에 직접 찾아가야 했는데, 폭격으로 기차와 버스가 운행되지 않아 일정이 취소되는 일이 잦았어요. 그러나 반다나는 끈질기게 버티며 끝까지 조사를 마무리했어요. 그리고 결과를 정리해《녹색 혁명의 폭력: 제3세계 농업, 생태학과 정치The Violence of the Green Revolution : Third World Agriculture, Ecology, and Politics》를 썼어요. 반다나는 이 책에서 펀자브의 녹색 혁명이 초래한 심각한 부작용을 과학자답게 논리적으로 지적했어요.

우선 녹색 혁명은 '종 다양성 손실'을 불러왔어요. 한때 펀자브에서는 41종의 밀, 37종의 쌀, 4종의 옥수수, 8종의 수수, 16종의 사탕수수, 19종의 콩, 9종의 지방종자(깨, 콩, 유채 등)를 재배했어요. 하지만 녹색 혁명으로 세 가지 다수확 품종을 단일 경작하면서 다양성이 파괴되고 말았어요. 이때 인도의 토종 작물이 대부분 사라졌어요. 그리고 살충제 등 농약 사용이 엄청나게 증가했어요. 품종 개량된 작물은 특정 성질을 확대하기 위해 몇 가지 제한된 유전자들로만 합성한 거예요. 그래서 예상치 못한 해충이나 질병, 갑작스런 날씨 변화에 취약해서 농약 사용이 증가할 수밖에 없어요. 농약은 작물에 이로운 익충까지 죽였고, 해충은 독해진 살충제에 견디도록 진화해 갔어요. 점점 더 많은 살충제를 쓰고, 그러

인도의 아픔을 지켜보며

면 더 강한 해충이 생겨나는 악순환이 계속됐지요.

또 화학 비료는 '토양 침식'과 '토질 악화'를 초래했어요. 토양에는 균류, 박테리아, 선충류, 지렁이류 등 무수한 유기체가 있어요. 이 유기체들은 토양을 비옥하게 하고, 물을 많이 보유하게 도와주고, 침식에도 강하게 만들어 줘요. 하지만 화학 비료는 이러한 박테리아와 지렁이들을 죽게 만들고, 식물에게 물과 양분을 공급하는 토양 모세관들을 막아 버려요. 결국 토양은 서서히 죽어 가게 되는 거지요.

또한 심각한 '물 부족' 현상도 나타났어요. 전통 농법에서 펌프 등 관개 시설을 이용해 물을 논밭에 대는 건 극심한 가뭄이 찾아왔을 때만 했던 일이에요. 하지만 품종 개량된 씨앗은 많은 양의 물을 필요로 해요. 그래서 관개 시설이 꼭 필요하지요. 개량된 밀을 심으면 전통 밀보다 40퍼센트가량 생산량이 늘지만, 물은 약

다수확 품종

일정한 단위 면적에서 다른 품종에 비해 높은 수확량을 내는 품종으로, 녹색 혁명에서 중요한 역할을 했어요. 주요 작물로는 쌀과 밀, 옥수수, 목화 등이 있는데요. 다수확 품종으로 농사지을 때는 많은 양의 화학 비료와 농약이 투입되기 때문에 환경 파괴 문제가 뒤따라요. 또한 질병과 해충에 약해 한두 차례 농사를 지은 뒤에는 다른 품종으로 대체해야 해서 농부들은 새 씨앗을 사야만 해요.

반다나 시바, 상처받은 지구를 위로해

3배가 더 필요해요. 물 사용 측면에서 본다면 생산성이 절반도 되지 않아요. 관개 시설이 많아질수록 지하수는 고갈되기 마련이겠죠?

마지막으로 녹색 혁명은 농부들을 빚의 구렁텅이에 빠뜨렸어요. 펀자브 대학살 사건 때 농부들의 간절한 외침을 떠올려 보세요. 힘들여 농사를 지었지만 농부들에게 돌아온 건 빚뿐이었어요. 품종 개량된 씨앗, 농약, 비료 구매는 물론이고 관개 시설을 확충하는 데 계속해서 돈이 필요했거든요.

반다나는 그의 책《녹색 혁명의 폭력: 제3세계 농업, 생태학과 정치》를 통해 인류 역사상 전례 없는 정치적·기술적 성과로 평가받는 녹색 혁명을 맹렬히 비판했어요. 녹색 혁명이 약속한 풍요와 평화는 눈을 씻고 찾아봐도 없었지요. 대신 농민들은 가난에 시달렸고, 펀자브는 갈등과 폭력으로 얼룩진 땅이 됐어요. 반다나는 이 책을 쓰면서 녹색 혁명이 주도하는 산업형 농업은 결코 오래 지속될 수 없다고 생각했어요. 게다가 산업형 농업은 화석 연료가 필수적이어서 기후 변화의 책임에서 벗어날 수 없어요. 화석 연료가 있어야만 농기계를 움직이고, 화학 비료를 생산해 낼 수 있잖아요. 또 화석 연료가 연소할 때 나오는 에너지 폐기물은 대기 오염과 기후 변화를 일으켜요.

반다나의 머릿속에서 이런 생각이 마구 일렁였어요.

‘이제 우리는 폭력적인 생산 방식에서 벗어나야 해. 화학 물질을

인도의 아픔을 지켜보며

포기하고 유기 농업으로 옮겨 가야 할 때야!’

반다나는 유기 농업을 다음과 같이 이야기해요.

"유기 농업은 무엇보다 자연을 보호해요. 더 이상 자연과 전쟁을 하지 않아도 돼요. 또한 유기 농업은 농부들에게 폭력적이지 않아요. 농부들은 화학 물질과 유전자 변형 씨앗을 사지 않아도 돼요. 이 때문에 빚을 지고 농촌을 떠나는 일도 없지요. 지구는 농부에게 필요한 비옥한 토양, 유기물 등 모든 것을 다 내어 줍니다. 마지막으로 유기 농업은 건강하고, 맛있고, 다양하고, 영양가 높은 음식을 생산해 내기 때문에 이를 먹는 사람에게 매우 유익하지요."

반다나 시바, 상처받은 지구를 위로해

반다나가 《녹색 혁명의 폭력: 제3세계 농업, 생태학과 정치》 책에서
말하는 '폭력'은 '구조적인 폭력'을 의미해요. 가난, 정치적 독재, 경제적 독점 등이
바로 구조적 폭력이에요. 물리적인 타격을 가하지 않아도, 이러한 불공정한
사회 구조는 누군가에게 폭력이 되고 말아요. 녹색 혁명은 농민의
빈부 격차와 생태계 파괴를 가져왔어요.

인도의 아픔을지켜보며

5

Vandana Shiva

반다나 시바,
국제 무대로

생명 공학 뒤에 숨은 기업의 씨앗 독점

박테리아 유전자를 씨앗에 주입한 걸
생명체라고 부를 수는 없다.
이는 생명체를 만드는 것이 아니라
생명체를 오염시키는 것이다.

반다나 시바

유엔대학교에서 녹색 혁명에 관한 연구를 하고, 책을 발표하면서 반다나는 활동 반경을 국제 무대로 넓힙니다. 스위스 제네바에서 열린 '농업생명 공학 국제 회의'에 초대된 반다나는 생명 공학 기업 대표들이 나누는 이야기를 듣고, 앞으로 자신이 헌신해야 할 일이 무엇인지 깨닫게 돼요.

반다나 시바, 상처받은 지구를 위로해

제네바 '농업생명공학 국제 회의' 참여

《녹색 혁명의 폭력》을 저술한 계기로 반다나는 1987년에 '농업 생명공학 국제 회의'에 초대받았어요. 유엔(국제 연합)과 다그 함마르셸드 재단[•]Dag Hammarskjöld Foundation 이 공동 개최한 비공식적인 회의 였지요. '생명 공학'은 생물의 유전 정보, 생장, 번식 등을 인위적 으로 통제하고 조작하는 기술을 연구하는 학문으로, 농업과 의학 등 다양한 분야에 활용되고 있어요.

처음엔 프랑스 보게베Bogève에서 회의가 열렸고, 이후 스위스 제 네바Geneva로 이동했어요. 반다나 같은 독립적인 과학자, 유엔 관계 자, 활동가들이 회의에 참여했어요. 그리고 생명 공학 관련 기업 대표들이 그 자리에 함께했지요. 화학 무기에 이어 농약과 비료 등을 만들어 팔던 다국적 기업들이 이제는 생명 공학에도 손을 뻗 쳤어요. 회의장에서 이들이 나눈 이야기는 반다나의 등골을 오싹 하게 만들었어요.

"농약이나 살충제, 녹색 혁명으로는 이제 더 이상 많은 돈을 벌 지 못합니다."

● **다그 함마르셸드 재단**　다그 함마르셸드는 스웨덴의 정치인으로 제2대 유엔 사무총장을 역임했어 요. 그를 기리기 위해 세워진 다그 함마르셸드 재단은 다양한 프로그램을 통해 국제 협력 및 개발, 평 화 구축에 대한 정책 강화를 목표로 하고 있어요.

이들은 적대감 없이 아주 솔직하게 미래 전략과 비전을 공유했어요. 이어서 DNA를 재조합하는 도구가 있으니, 유전자를 조작한 유기체를 만들 수 있다는 얘기가 나왔어요. 당시는 유전자 변형이 무엇인지 상상도 못 하던 시절이었어요. 하지만 기업들은 이미 바실러스 투린지엔시스 Bacillus thuringiensis, 즉 Bt를 연구하고 있었어요. Bt는 현재 상업적으로 널리 쓰이는 미생물 살충제로, 1980년대에 DNA 재조합 기술이 개발되면서 활발히 사용되기 시작했어요.

유전자 조작을 통해 살충 효과가 있는 Bt를 삽입한 새로운 종자를 개발한다면? 그리고 이 유전자 변형 GMO 종자에 대한 특허권을 획득한다면? 생명 공학 기업들이 돈을 버는 것은 시간문제겠지요. 이것이 바로 GMO를 기반으로 하는 2차 녹색 혁명이에요! 이들은 계속해서 논의를 이어 갔어요.

"유전 공학이 우리가 성장할 수 있는 유일한 방법입니다."

"유전 공학을 통해서만 씨앗에 대한 특허를 청구할 수 있어요. 유전자를 삽입하는 것은 엄청난 개발비가 들어요. 완전히 다른 유기체를 만들어 내는 건데, 특허권 청구는 당연하지 않습니까?"

"GMO 종자에 특허를 얻으면 이 씨앗을 구매하는 농부들에게 계절마다 로열티를 받을 수 있습니다."

"식품 시장만 놓고 본다면 유럽과 미국은 매우 작아요. 세계 각지 수십억 인구에 비하면 말입니다."

"농부들이 가장 많은 곳은 아시아입니다. 가장 큰 수출 시장인 아시아에 초점을 맞춰야 해요."

"전 세계적으로 씨앗에 특허를 부과하려면 지식 재산에 대한 국제 조약이 필요합니다."

지식 재산권을 보장하는 국제 조약을 만들어야 이들이 GMO를 팔고 로열티를 받을 수 있다는 얘기지요. 1986년에 열린 우루과이 라운드에서 지식 재산권 문제가 처음 거론됐고, 이들은 그것을 관철하려고 제네바에 또다시 모인 거예요. 우루과이 라운드에서 어떤 이야기가 나왔는지 함께 살펴볼까요?

국제 무역의 판도를 바꾼 '우루과이 라운드'

'우루과이 라운드Uruguay Round'라는 단어를 들어본 적 있나요? 당시에 우리나라뿐만 아니라 전 세계에서 우루과이 라운드를 반대하는 격렬한 시위가 있었어요. 무엇이 문제였던 걸까요? 우루과이 라운드는 GATT(관세와 무역에 대한 일반 협정)의 8번째 협상을 뜻해요. 1986년 9월 우루과이에서 첫 회합이 열리고 나서 농민들의 강한 반대가 있었지만, 결국 1993년 12월에 타결되어 1995년부터

반다나 시바, 국제 무대로

발효되었어요.

　제2차 세계 대전이 끝나자 전 세계는 유엔 기구를 만들어 국제 교류를 확대해 갔어요. 국제법을 만들어 인권 문제를 국제 차원에서 다뤘고, 국가 간 교역과 관련된 협정도 만들어 갔지요. 그래서 1947년 제네바에서 GATT를 만들었어요. 국제 사회에서 수출입 관세를 인하하고, 무역 제한 조치를 철폐해서 국가 간 활발한 경제 교류를 보장하자는 협정이었죠. 만약 국가 간에 무역 분쟁이 생기면 국제적 협의체를 만들어 해결하자고도 제안했어요. 훗날 기능을 더 강화해 세계무역기구WTO(1995)로 전환했어요.

　GMO 관련 산업은 특히 GATT의 8번째 협상인 '우루과이 라운드'와 관련이 있답니다. 일본 도쿄에서 열린 7번째 협상 도쿄 라운드(1973~1979년)까지는 제조업이 세계 중심 산업이어서 주로 공산품에 대한 논의가 이뤄졌는데, 세계 경제가 가파르게 성장하고, 산업 분야가 다양해지면서 세계 무역 질서 구축에 대한 새로운 논의가 필요하게 됐어요. 이때 등장한 것이 농업의 관세화, 지식 재산권 협약•TRIPS 그리고 서비스 교역에 관한 것이었어요. 산업 구조가 변했으니까 새로운 국제 협정이 등장하는 것은 당연하지요. 그런데 사람들은 이 협정이 향후 국제 무역의 판도를 바꿀 것이라고

● **지식 재산권 협약(트립스)**　특허권, 디자인권, 상표권, 저작권 등 지식 재산권에 대한 최초의 다자 간 규범으로 세계 무역 기구 회원국 모두에게 적용돼요.

반다나 시바, 상처받은 지구를 위로해

우려했어요. 정말 그럴까요?

'지식 재산권'은 사람들의 창조적 활동으로 발견된 지식, 정보, 기술, 사상이나 물건의 표시, 유전자원 등 재산적 가치를 보장해 주는 것을 말해요. 여러 기술을 이미 보유한 선진국은 지식 재산권이 발효되는 순간 로열티를 받아 엄청난 돈을 벌 수 있게 돼요. 그뿐 아니라 다국적 기업들은 아시아, 아프리카 지역의 전통 지식을 자신들의 이름으로 특허를 내고 가로챌 수도 있어요. 여기서 주목할 점은 그 당시 '생물 유전자원'을 지식 재산권으로 인정해 국제적으로 보호하는 작업이 진행됐다는 거예요. 플라스틱을 분해하는 박테리아 발견을 계기로 살아 있는 생명체에 대한 특허가 이뤄졌는데, 이후 새로 발견된 생물들에 대한 특허권을 허용하게 된 거지요. 이건 결국 종자와 식품 체계가 초국적 농기업들에 의해 지배받는 구조가 될 거라는 것을 의미했어요.

이미 유전 공학의 최신 동향을 알고 있던 다국적 기업은 사람들이 먹는 식량을 유전자 조작하면 큰돈을 벌 수 있다는 것을 알았어요. 사람들이 밥을 먹을 때마다 기업들은 로열티를 받을 수 있다는 말이지요. 훗날 몬산토는 GMO 종자 특허를 위해 자신들이 우루과이 라운드의 지식 재산권 협정 계약 초안을 작성했다는 것을 인정했어요. 반다나는 그것이 회의 기록에 남아 있다고 소개해요.

반다나 시바, 국제 무대로

“우리 다국적 기업들은 국제 무역의 문제점들을 파악했습니다. 그래서 해결책을 고안했고, 구체적인 방향을 정리해 우리 정부와 다른 나라의 정부에 넘겼습니다.”

반다나는 국제 무역과 관련된 모든 것을 기업과 무역업자들이 만들었다고 말해요. 그들이 문제를 일으키고, 그들이 어려움을 겪고, 그들이 해결책을 내놓았다는 말이지요. 마치 환자가 진단도 하고, 치료도 하는 의사 역할을 한 것처럼 말이에요.

GMO 농산물과 지식 재산권은 이렇게 밀접하게 연관되어 있었어요. 유전자 변형 씨앗의 특허권을 인정하게 되면 씨앗 기업들은 앉아서 돈을 벌게 되지요. 훗날 협상이 체결되면서 유전자 변형 식품이 마구 쏟아져 나왔어요. 기업들은 미래 식량 해결을 위한 것이라고 말했지만, 실제로는 로열티를 위해 공격적으로 유전 공학을 확산하기 시작했어요. 제네바에서 모인 과학자들과 기업들이 지식 재산권을 통과시켜야 한다고 주장한 이유도 그 때문이에요.

세계 식량 공급을 장악하려고 제안된 ‘농산물 관세화’

우루과이 라운드에서는 지식 재산권뿐만 아니라 전 세계의 식량 시장을 흔들 또 다른 협정이 제안됐어요. 그건 바로 '농산물 관세화*였어요. 농산물에 관세를 붙인다고 하면, 왠지 농산물이 들어오기 어려울 것 같죠? 그런데 사실 그 반대예요. 관세만 지급하면 세계 어디든 농산물을 팔 수 있다는 협정이에요. '관세화'는 자유 무역을 보장하는 허가증이었어요.

미국 같은 산업형 농업을 하는 나라는 곡물을 많이 생산하니 팔 곳을 찾는 것이 아주 중요했어요. 그래서 농산물을 관세화해서 농산물 시장을 개방하고 싶어 했죠. 반다나는 미국 최대 곡물 회사인 카길Cargill의 부사장 댄 암스투츠Dan Amstutz가 우루과이 라운드 시작부터 농업 정책 초안을 작성했다고 비판했어요. 다국적 기업들은 자기 나라에서 보조금을 받고 곡물을 싼값에 개발 도상국으로 수출했어요. 그런데 왜 선진국들은 손해를 보면서까지 다른 나라에 싸게 농산물을 팔았을까요? 일단 싼 농산물이 들어오면, 개발 도상국의 자국 농산물은 가격 경쟁력을 잃고 팔리지 않아요. 그러면 농부들은 농사를 짓지 못하고, 농업은 빠르게 몰락하게 되지요. 자국의 식량 생산 체계가 무너지면 상대국이 비싸게 농산물을 팔아도 살 수밖에 없게 되고, 결국 다국적 기업이 세계 식량 공급을 통제하게 되는 거예요.

개발 도상국 농부들은 우루과이 라운드를 격렬하게 반대했어요. 우리나라도 예외는 아니었어요. 다국적 기업들이 생산하는 값싼 외국 농산물이 무차별적으로 수입된다면 개발 도상국의 농부들은 빈농으로 전락할 수밖에 없고, 농업은 심각한 타격을 받을 수밖에 없어요. 반다나는 특히 각 나라의 소농들은 지역의 식량 생산을 책임져 왔고, 이는 식량 안보의 가장 큰 근간이라고 말해요.

"식량 주권을 포기하는 쌀 시장 전면 개방 반대한다!"

우루과이 라운드는 관세 및 무역에 관한 일반 협정(GATT)의 제8차 다자간 무역 협상을 뜻해요. 첫 회합이 1986년 9월 우루과이에서 열리면서 '우루과이 라운드'라 불리게 되었어요. 기존에 없던 '농산물 부문 개방' 내용이 우루과이 라운드 협상에 포함되면서 우리 농민들의 반대도 거세게 일어났어요. 농가 소득의 40퍼센트를 차지하는 쌀 시장이 개방된다는 것은 600만 농민의 생존권을 위협할 수 있는 문제였기 때문인데요.

농민과 학생, 시민 등 2만여 명이 1993년 2월 15일 동국대학교에서 '우루과이 라운드 협상 거부 및 쌀 전량 수매 쟁취를 위한 전국농민대회'를 열었어요. 하지만 그해 12월에 우루과이 라운드는 타결되고 말았어요. 이에 격분한 시위대 4만여 명이 1994년 2월 서울 마로니에공원에 모여 격렬한 시위를 벌이고 국민 1,300만 명이 '쌀 수입 개방 반대 서명 운동'에 참여하는 등 반대 시위에 동참했지만, 1995년부터 쌀 5만 톤 이상이 수입되었어요.

식량 독재 시대를 이끄는 빅3

몬산토와 카길 같은 다국적 기업들은 자신들에게 유리하도록 우루과이 라운드 협상을 주도해 갔고, 제네바 국제 회의에서도 야심 찬 계획을 숨김없이 드러냈어요.

"우린 충분히 크지 않습니다. 우리는 더 커져야 해요. 그리고 한 세기가 바뀔 때쯤 우리는 오직 다섯이 돼 있을 겁니다."

반다나는 기업들의 야망에 소름이 끼쳤어요. 다섯이 된다는 의미는 넷이 될 수도 있고, 그다음은 셋, 둘, 마지막에는 하나가 된다는 얘기니까요. 반다나의 짐작대로 꽤 오랫동안 다국적 농화학 기업은 '빅6' 체제를 유지하다가, 2018년에 더욱 강력한 '빅3'로 재편했어요. 미국의 몬산토는 자신들의 지분이 압도적으로 많았지만 독일의 바이엘Bayer과 합병하면서 바이엘로 이름을 바꿨어요. 마치 바이엘이 몬산토를 인수한 것처럼 보이지만, 악명 높은 몬산토가 새로운 이름의 가면을 쓴 것이었지요. 중국의 국영 화학 회사인 켐차이나ChemChina가 스위스의 신젠타Syngenta를, 미국의 다우 케미칼과 듀폰이 합병한 다우듀폰DowDuPont Inc.이 그 주인공이에요.

점점 몸집을 불리며 식량 독재 시대를 열어 가고 있는 이들을 반다나는 '포이즌 카르텔poison cartel'이라고 불러요. '독으로 결성된 기업 연합'이란 뜻이에요.

반다나 시바, 국제 무대로

그날 제네바 회의에서 반다나는 기업들의 검은 속내에 화가 머리끝까지 났어요.

"당신들은 GMO의 안전성에 대해서 한 번이라도 살펴본 적이 있습니까?"

반나다의 물음에 기업 대표들은 한목소리로 말했어요.

"우리가 그것을 살펴보기 위해 여기서 멈춘다면 우리의 시장 점유율은 곤두박질칠 겁니다. 우리는 멈출 수 없어요!"

참으로 기가 찬 대답이지요! GMO는 기업들이 생명의 창조자가 되겠다는 도발이었어요. 이 회의에서 GMO의 출현을 일찌감치 알게 된 반다나는 앞으로 자신이 해야 할 일이 무엇인지 깨달았어요.

"내가 씨앗을 구할 거야!"

씨앗 하나면 충분해!

혹시 씨앗에 주인이 있다고 생각해 본 적 있나요? 오래전부터 농부들은 한 해 농사를 지어 그중 가장 튼튼한 씨앗을 골라 보관해 두었다가 그 다음해에 사용했어요. 씨앗을 대물림하며 대대로 농사를 지어 온 것이지요.

청양 고추를 먹을 때마다
로열티를 외국 기업에 준다고?

현재 청양 고추 종자(씨앗)의 주인은 독일 바이엘!

우리 한국인의 입맛을 돋우는 매운 맛으로 대표되는 청양 고추는 분명 우리나라가 만들었어요. 1983년에 경상북도 청송군과 영양군이 개발에 참여하고 중앙 종묘가 품종을 개발했지요. 상표명 역시 청송의 청(靑), 영양의 양(陽)자를 따서 '청양 고추'로 이름 지었던 거예요. 하지만 1998년 IMF 때 중앙 종묘가 해외 기업에 매각되면서 독일 바이엘(몬산토 인수)이 청양 고추 종자의 주인이 됐어요. 그래서 우리는 청양 고추를 먹을 때마다 해외 종자 회사에 로열티를 지불하게 된 것이죠. 꼭 로열티를 지불해야 하냐고요? 작물 종자는 국제식물신품종보호연맹(UPOV)에 따라 특허권을 보유한 기업이나 국가에게 로열티를 내야만 사용할 수 있어요.

우리 식탁에 올라오는 농산물 대부분은 외국산!

현재 우리가 로열티를 지급하는 품종은 청양 고추 외에도 고구마, 귤, 포도, 배, 버섯, 양파 등 다양해요. 국내 농산물 중 외국산 품종 점유율이 72퍼센트, 최근 10년간 해외에 지불한 로열티가 총 1,400억 원에 달해요. 따라서 해외 종자를 수입하지 않으면 우리는 식량을 자급자족할 수 없는 상황이라는 것이죠. 전문가들은 기후 변화로 인해 식량 생산이 감소와 식량 위기를 초래할 수 있다고 우려해요. 그래서 우리는 토종 품종 보호, 국산 신품종 개발, 국내산 품종에 대한 소비를 활성화하려는 노력이 필요해요.

반다나 시바, 국제 무대로

'특허권'은 특허받은 제품을 소유하고, 만들고, 팔고, 생산하고, 사용할 수 있는 독점권이에요. 씨앗에 특허를 부여한다는 것은 씨앗을 보관해 놓는 농부가 '지적 재산 도둑'이 된다는 거예요.

반다나는 씨앗은 자유롭다고 말해요. 농부의 생계를 이어 주는 경제적인 측면에서, 또 씨앗이 스스로 재생산하는 생태학적인 측면에서도 말이에요. 그런 '씨앗 자유'가 다국적 종자 기업들에게는 큰 장애물이었어요. 그래서 기업들은 GMO 종자를 개발해 특허를 획득함으로써 '씨앗 자유'를 없애려고 해요. 농촌의 공동 재산이었던 씨앗을 사유 재산으로 만들려는 것이지요.

씨앗을 몇몇 거대 기업이 독점하고, 씨앗 공급을 통제하도록 내버려 둔다면 농부를 노예로 만드는 것이나 다름없어요. 씨앗의 자유가 사라지면 농부의 자유도 사라지는 거니까요. 녹색 혁명이 그랬던 것처럼 생명 공학은 다양성 파괴를 반복하고 심화시키고 있어요. 게다가 GMO를 만드는 과정에서 생기는 돌연변이가 사람의 몸과 생태계에 어떤 부작용을 불러올지는 아무도 예측할 수 없어요. 그 위험은 고스란히 지구 전체가 떠안아야 해요.

"기업들은 그들만의 제국을 위해 지구의 모든 생명을 완전히 통제하려고 해. 우린 씨앗을 통해 생명을 되찾고, 자유를 되찾을 거야."

제네바 국제 회의를 마치고 고향으로 돌아온 반다나는 다국적 종자 기업에 맞서 토종 씨앗 운동을 펼치는 비정부 기구인 '나브다냐Navdanya'를 설립해요. 나브다냐는 토종 씨앗을 지키고, 유기 농업을 실천하고, 농민의 권리를 옹호하고, 생물 다양성을 회복하자는 운동을 의미하기도 해요. 힌디어로는 다양한 존재가 이뤄내는 생태 가치를 나타내는 '아홉 개의 씨앗'을 뜻해요.

"인도 남부 타밀나두주Tamil Nadu의 한 지역에서 좋은 씨앗을 골라 받는 작업을 하고 있을 때, 아홉 개 작물을 함께 재배하는 농부를 만났어요. 농부는 작물들의 다양성이 어떻게 연결되는지 설명해 줬어요. 태양계 행성 간 균형에서 지구의 생태 균형까지, 또 우리 몸의 영양 균형까지 어떻게 연결되는지 말이에요. 농부가 기르는 아홉 개의 작물이 제 머릿속에 남았고, 그가 이야기한 다양성을 기억하고 기리기 위해서 '나브다냐'라고 이름 지었어요."

반다나는 나브다냐 운동을 통해 종자 특허와 산업형 농업을 주도하는 다국적 기업에 저항하는 시위를 벌이고, 이를 뒷받침하는 법률 소송에 앞장섰어요. 나아가 다국적 기업이 주도하는 세계화에 맞서 싸우는 '반세계화 운동'에도 눈뜨게 됐어요. 씨앗을 중심에 둔 반다나의 활동은 국제 사회의 연대와 동원을 이끌어 냈고, 이를 계기로 나브다냐 운동은 전 세계로 퍼져 나갔어요.

"그래, 씨앗 하나면 충분해!"

반다나는 마음속에 희망을 간직한 채 앞으로 나아갔어요.

반다나 시바, 국제 무대로

'나브다냐'를 세워
씨앗을 지키다

바이러스는 적이 아니에요.

이 바이러스를 죽일 수도 없습니다.

서로가 서로를 두려워하는 결과만을 만든 겁니다.

하지만 타인이 없으면 나도 살아남을 수 없습니다.

이 두려움의 문화야말로 지금 가장

거대한 바이러스입니다.

안희경 저 《오늘부터의 세계》 중에서

1987년 제네바에서 돌아온 반다나 시바는 비정부 기관인 '나브다냐'를 설립했어요. 기존의 과학·기술·생태연구재단과는 별도로, 좀 더 GMO에 초점을 맞춰 문제점을 밝혀내고 특허권 독점을 막아 씨앗을 지키기 위해 새 단체를 만들었어요. '나브다냐'는 힌디어로 '아홉 개의 씨앗'이란 뜻이에요.

반다나 시바, 상처받은 지구를 위로해

나브다냐, 씨앗 은행을 설립하다

나브다냐를 설립한 반다나가 가장 처음 한 일은 지역 사회에 '씨앗 은행'을 만드는 일이었어요. 우선 씨앗을 지켜 농업의 생물 다양성 위기에 대응하기 위해서였어요.

반다나는 '다양성'이 무척 중요하다고 말해요. 다양성은 자연의 주요 특징 중 하나이고, 생태 안정도의 참된 토대니까요. 하지만 녹색 혁명이 도입된 이후 농업에서 다양성은 무시되었어요. 농부들은 수확량이 보장된 소수의 품종 개량된 씨앗만 심었고, 당연히 인도 토종 종자는 자취를 감추기 시작했어요.

"우리는 각 지역에 씨앗 은행을 조직해서 지역의 토종 종자를 발굴하고 보존합니다. 농부들은 씨앗 은행에서 필요한 만큼의 씨앗을 가져가서 한 해 농사를 짓고, 수확을 마친 후 가져간 씨앗의 1.25배를 돌려주지요. 토종 종자로 농사를 짓는 농부들에게는 농약과 화학 비료 없이 작물을 재배하고, 병충해를 막는 유기 농업을 자세히 알려 주기도 해요."

반다나가 이야기하는 씨앗 은행의 운영 방식이에요. 씨앗 은행은 각 지역 여성 농부를 주축으로 조직되었어요. 여성 농부들은 지역의 토종 종자에 대해 잘 알고 있었거든요. 현재는 인도 22개 주에 150개가 넘는 씨앗 은행이 만들어졌고, 이곳에서 약 4천 종

반다나 시바, 국제 무대로

씨앗 은행 안에 토종 종자들이 보관되어 있는 전시 공간이에요.

이상의 쌀과 밀, 귀리, 겨자 등의 토종 종자를 수집, 보관, 보존하고 있어요. 대부분의 씨앗 은행은 나브다냐의 지원을 떠나 지역 사회에 안착했어요.

"우리는 토종 씨앗으로 진짜 살아 있는 식량을 재배해요. 우리에게 식량은 독성을 가진 상품을 생산하는 게 아니에요. 사람이 만들어 낸 화학 물질은 기후 변화를 가져오고, 질병과 유행병을 확산시키죠. 식량은 생명이고, 유기 농업으로 기른 식량은 건강해요. 그러니까 유기 농업은 토양과 물, 다양성을 살리고 지구를 돌보는 것과 같아요."

1994년, 님나무 운동

우루과이 라운드 타결을 지켜본 다국적 기업들은 유전자 변형 씨앗을 개발하고, 특허권 획득을 위해 바삐 움직이기 시작했어요.

"이들이 그토록 원하던 지식 재산권 협정은 토착 지식에 관해서는 전혀 고려하지 않은 것이었어요. '지식 재산권을 사유권으로 인정한다'는 규정은 마을 농부들, 선주민들이 아주 오래전부터 알고 있고, 서로 공유하던 토착 지식을 배제하고 있어요."

그런데 다국적 종자 기업들은 지역의 시골 마을까지 들어가 선

반다나 시바, 국제 무대로

우리나라의 '시드 뱅크'와 '시드 볼트'

중단기적으로 종자를 보관하고 분양하는 '시드 뱅크'

시드 뱅크(seed bank)에서는 씨앗을 보관해 생물의 다양성을 보존하고, 곡물과 씨앗 종자를 개량해 필요한 농가에 종자를 공급하기도 해요. 시드 뱅크는 전 세계에 1,300여 개 있는데요. 우리나라에서 시드 뱅크 역할을 하는 곳으로는 농작물의 씨앗을 보존하는 농촌진흥청 소속의 씨앗 은행과 야생화의 씨앗을 모으는 국립수목원 등이 있어요.

장기 종자 보관소인 '시드 볼트'

시드 볼트(seed vault)는 '씨앗'을 뜻하는 seed와 '금고'를 뜻하는 vault가 합쳐진 단어로 '종자를 저장하는 금고'를 의미해요. 기후 변화, 전쟁, 핵 폭발 등으로 인한 긴급한 상황에 식물의 멸종을 막기 위해 영구적으로 씨앗을 보관하는 저장소예요. 시드 볼트는 전 세계에 2곳뿐인데 하나는 노르웨이 스피츠베르겐 섬의 스발바르 국제 시드 볼트(2008년)와 우리나라 경상북도 봉화에 있는 국립백두대간 수목원 시드 볼트(2015년)예요. 스발바르 국제 시드 볼트는 농작물 종자를 저장하는 한편, 국립백두대간 국제 시드 볼트는 야생 식물 종자를 주로 저장하고 있어요. 200만 점 이상의 씨앗을 저장할 수 있는 우리나라 시드 볼트는 외부 충격이나 기후로부터 종자를 안전하게 지킬 수 있게 깊이 40미터의 지하 터널형 구조로 만들어져 있어요. 그리고 항상 영하 20도, 상대습도 40퍼센트를 유지하도록 설계되어 있답니다.

주민들로부터 독특한 유전자를 가진 작물이 무엇인지 캐내려고
혈안이 돼 있었어요. 그걸 가져가 유전자를 변형해 특허를 내려
고 했죠. 특허는 이렇게 실험실에서 일궈 낸 기술 혁신 노력에 대
해서만 인정해요. 한 세대에서 다음 세대로 이어져 내려온 집단의
노력과 토착 지식은 선행 기술로 여길 뿐이죠.

"다국적 종자 기업들은 전 세계 생물 자원을 강제로 빼앗아 유
전자를 변형하고, 특허를 획득해 자신들의 것으로 만들려고 해요.
우리는 이를 '생물 해적질biopiracy'이라고 불러요. 이보다 더 적절한
비유는 없을 겁니다."

반다나가 다국적 종자 기업의 생물 해적질을 멈추는 데 집중하
기 시작한 1994년 어느 날이었어요. 잡지를 읽다가 청천벽력 같
은 기사를 보았어요.

'그레이스사 W.R. Grace and Company가 인도의 님나무neem를 이용해 세
계 최초로 식용 작물에 사용하는 천연 농약 니믹스Neemix를 출시
했다.'

그레이스사는 미국의 화학 기업으로 매사추세츠주 워번Woburn
마을을 백혈병의 공포로 몰아넣은 전력이 있어요. 이들이 함부로
버린 산업 폐기물이 마을의 수돗물을 오염시켰고, 이 수돗물을 마
신 사람들이 백혈병으로 사망했어요. 1980년대 초에 일어난 사건
이지만, 지금까지도 악명 높은 환경 재난 사례로 꼽혀요.

반다나 시바, 국제 무대로

"그레이스사가 이번엔 우리 인도의 님나무를 맘대로 훔쳐 갔군!"

인도 전역에서 자라는 님나무는 항균, 살충 효과가 뛰어나 인도인들은 오래전부터 님나무를 의약품, 세정제, 살충제 등 다양한 용도로 사용해 왔어요.

1984년 보팔 참사 때도 공기 중에 남아 있는 독 때문에 보팔에 가는 걸 허락받는 데 사흘이 걸렸어요. 반다나는 양동이에 님나무 모종을 가득 담아 가서 보팔에 심었어요. 그리고 포스터를 만들었지요. '보팔은 이제 그만, 님나무를 심자 No More Bhopals, Plant a Neem'라고 썼어요.

님나무의 효능을 안 선진국의 기업들이 님나무를 가만둘 리 없었겠죠. 1970년대 이후 미국과 유럽 국가들은 님나무 관련 제품에 많은 특허를 획득했어요. 치약부터 피임약까지 제품도 다양했어요.

미국의 다국적 화학 기업인 그레이스사는 로버트 라슨 Robert Larson 에게 특허권을 넘겨받아 농약을 제조하기에 이르렀어요. 로버트는 미국의 목재 수입업자로 1971년 인도를 여행하다가 여자들이 곡물에 님나무 잎을 넣는 걸 우연히 보게 됐어요.

"그 나뭇잎을 왜 곡물에 넣는 겁니까?"

"그야 해충을 막아 주니까요."

그 말을 듣고 로버트는 속으로 쾌재를 불렀어요.

인도에서는 넘나무를 '축복받은 나무', '모든 병을 치유하는 나무'라고 불러요.
특히 인도 농부들에겐 무척 중요한 나무예요. 넘나무 씨앗을 압착해 추출한 넘 오일은
병충해에 탁월한 효과가 있어요. 또 기름을 짜내고 남은 찌꺼기인 넘 케이크는
질소 등이 풍부해서 친환경 비료 및 토양 살균 용도로 유용하게 쓰여요.

넘 케이크로 만든 친환경 비료

반다나 시바, 국제 무대로

'옳거니! 바로 이거야!'

그는 인도의 공공 기관을 돌아다니며 님나무의 해충 방제에 관한 자료를 쓸어 담았고, 님나무 씨앗을 미국 본사로 수입했어요. 그런 다음 님나무 씨앗을 압착해 유효한 살충제 성분을 추출하는 데 성공했어요. 로버트는 이 추출 공정에 대한 특허를 획득했고, 이를 그레이스사에 팔았어요. 1994년에 그레이스사는 님나무 씨앗에서 항균 성분(식물의 곰팡이 통제에 도움)을 추출해 유럽 특허청EPO의 특허까지 따냈고, 농약을 개발해 그 기사가 잡지에까지 실렸던 것이죠. 또 그레이스사는 인도 남부 카르나타카주 툼쿠르Tumakuru 지역에 님 오일neem oil 추출 공장까지 짓고 있었어요. 곧 님나무 씨앗 값이 폭등할 테고, 농부들은 예전처럼 님나무로 천연 농약을 만들거나 사용하지 못하게 될 거예요.

생물 해적질에 대항한 11년 만의 승리

"우리 인도 법은 그레이스사의 특허를 허용한 적이 없어!"

반다나는 그레이스사의 생물 해적질에 대항하는 님나무 운동을 조직했어요. 인도 곳곳에서 님나무 가지를 들고 집회를 열었고, 약 10만 명의 인도인들의 서명을 받아 그레이스사가 획득한 특허

반다나 시바, 상처받은 지구를 위로해

취하 소송을 제기했어요. 반다나는 과학·기술·생태연구재단과 나브다냐를 대표해 유럽 의회 녹색당, 세계유기농업운동연맹IFOAM에게 손을 내밀어 공동 대응에 나섰어요.

"당시 세계유기농업운동연맹 대표는 린다 불러드Linda Bullard였고, 녹색당 대표는 벨기에의 마흐다 아엘부트Magda Aelvoet였어요. 모두 제가 잘 아는 여성들이었지요. 이들은 정말 멋졌어요! 그리고 스위스 바젤대학교 법학부 지식 재산권 교수 프리츠 돌더Fritz Dolder 박사는 우리의 법적 싸움을 아낌없이 지원했어요."

반다나는 우선 미국 특허청으로 날아갔어요. 그 자리에 제러미 리프킨Jeremy Rifkin이 함께했어요. 미국 특허청이 물었어요.

"당신이 얻고자 하는 상업적 이익은 무엇입니까?"

"우리는 상업적 이익이 아니라 공익을 이야기하는 겁니다. 우리가 원하는 건 우리의 토착 지식을 보호하고, 생물 해적질을 멈추

제러미 리프킨

미국의 경제학자이자 미래학자, 환경학자, 저술가이기도 해요. 그는 과학과 기술의 발전이 경제·사회·환경에 미치는 영향에 대해 광범위한 연구를 하고 있어요. 최근에는 기후 변화에 대응해 인류의 지속 가능한 미래를 그릴 에너지 혁명과 '그린 뉴딜'의 청사진을 제시했어요.

반다나 시바, 국제 무대로

는 것입니다."

그러나 미국 특허청은 토착 지식을 인정하지 않았어요. 하지만 유럽 특허법에는 공익 조항이 포함돼 있었기 때문에 반다나는 유럽 특허청에 곧바로 이의를 제기했어요.

"님나무가 항균, 살충 효과가 있다는 사실은 인도에서 수천 년도 넘게 알려진 사실입니다. 그레이스사는 인도의 생물 자원과 토착 지식을 멋대로 가져가 제품을 만들었어요. 그것을 새로운 제품이라고 할 수 있을까요? 그레이스사가 획득한 특허를 당장 취소해 주십시오!"

이 법적 다툼은 1995년에 시작해 2005년에야 반다나의 승리로 마무리됐어요. 유럽 특허청이 한 차례 그레이스사의 특허를 취소했지만, 그레이스사와 미국 농부무가 항소를 제기해 11년이란 긴 시간이 걸렸지요. 우연히도 마지막 재판이 이루어진 날은 2005년 3월 8일, 바로 세계 여성의 날•이었어요.

"그날을 생생하게 기억해요. 유럽 특허 법원 판사가 우리에게 일단 점심을 먹고 오라고 했죠. 우리는 특허가 무효가 될지 어떨지 모른 채 식사를 하고 돌아왔는데, 판사가 이렇게 말하더군요. '여성의 날을 축하해요. 당신이 이겼습니다!' 너무나도 역사적인 순간이었죠!"

법원은 그레이스사가 획득한 특허 기술이 인도에서 수년 전 먼저 개발돼 사용되어 왔다는 걸 인정했어요. 반다나는 실제 그레이스사와 같은 연구를 수행한 인도 과학자 두 명에 대한 기록을 제출해 재판을 승리로 이끌었어요.

"이번 특허 철회는 인도뿐만 아니라 지구 남쪽 수백만의 토착 지식의 가치를 인정한 것입니다. 우리의 승리는 정말 긴밀하게 오랫동안 이어 온 연대의 결과예요. 이는 상업적 이익과 거대 권력을 넘어선 헌신적인 시민의 승리입니다."

이날 법원에 함께했던 세 여성의 얼굴에 웃음이 끊이지 않았어요.

이렇게 인도는 사람을 해치는 농약이 아니라 님나무처럼 안전하고 비폭력적인 대안을 지킬 수 있었어요. 반다나는 현재 님나무가 널리 사용되도록 노력하고 있어요. 젊은이들에게는 님 오일을 직접 추출할 수 있는 작은 기계를 마을에 설치하도록 장려하고 있어요.

반다나 시바, 국제 무대로

넘나무에 대한 그레이스사의 특허를 철회하는 데 성공한 날에
(왼쪽에서부터) 린다 불러드, 반다나 시바, 마르다 아멜부트가
기뻐하며 함께 찍은 사진이에요.

다국적 종자 기업, 몬산토에 맞서다

몬산토를 끝장내야 한다고 외치며 행진하는 것은
씨앗, 생명, 우리들의 식량과 자유를 지배하는
독재를 끝내야 한다고 외치는 것과 같다.

반다나 시바

생물 해적질과 더불어 빠르게 발전한 유전 공학이 다국적 종자 기업들의 성장을 가속화시켰어요. 그중 몬산토가 유전 공학을 이용한 GMO의 상업화에 앞장섰지요. 이때부터 반다나는 몬산토 반대 운동을 적극적으로 펼쳐 나가기 시작해요.

반다나 시바, 국제 무대로

1995년, 식품 유전 공학의 선두 주자 '몬산토'

몬산토는 세계 대전 때 화학 무기를 만들다가 녹색 혁명이 시작되자 농약을 만들어 판매하는 농화학 기업으로 탈바꿈했어요. 그리고 이젠 유전 공학을 이용해 다국적 종자 기업이 되었죠. 오늘날 세계 특허 종자 시장의 23퍼센트를 몬산토가 점유하고 있어요. 미국에서 재배되는 80퍼센트의 옥수수와 93퍼센트의 콩이 몬산토가 개발한 유전자 변형 종자예요.

농업에서 유전 공학은 농약에 대한 하나의 대안으로 제시됐어요. 작물을 기를 때 농부들에게 가장 큰 골칫거리는 무엇일까요? 바로 잡초와 해충이에요. 둘 다 수확량을 낮추는 주범이니까요. 유전 공학에 눈을 뜬 기업들은 이 둘에 집중해 제초제를 흡수해도 죽지 않게 작물의 유전자를 변형하거나, 작물이 스스로 독성을 만들어 내도록 유전자를 변형한 GMO를 만드는 데 사력을 다했어요.

1996년에 몬산토는 '라운드업 레디Roundup Ready'라는 상표로 유전자 변형 콩을 시장에 내놓았어요. 몇 년 후엔 유전자 변형 옥수수도 개발했어요. 이는 자신들이 만든 제초제 '라운드업'에 내성을 가진 GMO 작물이에요. 라운드업 레디 작물에는 다른 기업이 만든 농약이나 비료가 효과가 없었어요. 몬산토는 이 둘을 세트 판

라운드업 제초제

라운드업은 글리포세이트(glyphosate)를 주성분으로 하는 제초제예요. 고엽제 사용이 금지되자 몬산토는 1973년에 라운드업을 시장에 내놓으면서 환경친화적이고 인체에 무해한 제초제라고 광고했어요.

2000년에 몬산토가 갖고 있는 글리포세이트에 대한 특허가 만료되면서 지금은 다른 기업들도 이 성분으로 제초제를 만들고 있어요. 하지만 2015년 3월, 세계보건기구 산하 국제암연구소가 글리포세이트를 인체 발암 추정 물질로 분류했어요. 국제암연구소는 글리포세이트가 폐암, 림프종, 임신 중 기형아 발생 등을 일으킬 수 있다는 근거를 제시했어요. 하지만 몬산토는 이 물질의 독성을 알고 있으면서도 연구 결과를 조작하거나 보고서를 숨기고, 막강한 변호인단을 고용해 세계 NGO들과 법률 싸움을 이어가고 있어요. 또 규제 기관과 과학계, 유력 언론 등을 돈으로 매수해 자신들에게 유리한 기사를 내보내기도 하지요.

현재 미국에서는 라운드업 사용으로 암에 걸렸다고 주장하는 사람들이 몬산토를 상대로 줄소송을 벌이고 있어요. 글리포세이트와 암의 상관관계가 명확하게 밝혀질 때까지 이 논란은 계속될 것으로 보여요.

반다나 시바, 국제 무대로

매했고, 엄청난 이윤을 남겼어요. 2013년 자료에 따르면 몬산토 이익 중 27퍼센트가 라운드업 레디용 제초제 판매에서 나왔다고 해요.

라운드업 레디 콩이나 옥수수를 심은 다음 라운드업을 살포하면 라운드업 레디 작물을 제외한 식물은 다 말라 죽어요. 농부들은 이 세트의 유혹을 뿌리칠 수 없었어요. 하지만 라운드업 레디 작물을 심자 오히려 라운드업에 내성이 강한 슈퍼 잡초를 양산해 내는 결과를 낳았어요. 이처럼 농약은 표적이 되는 유기체뿐만 아니라 생태계 내 모든 유기체에 영향을 미쳐요. 사람도 여기서 예외일 수 없지요.

Bt 면화는 종자는 '자살의 씨앗'

몬산토는 발 빠르게 유전자 변형 Bt 면화도 개발했어요. Bt 작물에는 독성을 만들어 내는 유전자가 들어 있어요. 한마디로 농약을 스스로 만들어 내는 GMO이죠. 면화는 해충이 잘 꼬이는 작물 중 하나인데, Bt 면화는 목화씨 벌레를 스스로 퇴치할 수 있는 GMO 작물이에요. 몬산토의 Bt 면화는 1993년 미국에서 최초로 시험 재배 승인을 받았고, 1995년에 상업적 사용이 허용됐어요.

반다나 시바, 상처받은 지구를 위로해

인도에 몬산토 Bt 면화의 상업 판매가 공식적으로 허용된 해는 2002년인데요. 몬산토는 인도 방송에 하루 100번 이상 Bt 면화 광고를 내보내 농부들을 꾀었어요.

"Bt 면화 볼가드Bollgard를 심으면 살충제를 뿌릴 필요가 없어요. 당신도 부자가 될 수 있어요! 백만장자가 될 수 있다고요!"

순식간에 인도 면화 생산지의 90퍼센트를 Bt 면화가 장악했어요. 검은콩, 녹두, 참깨, 토종 면화 등 다양한 작물을 기르던 농부들은 이 광고에 속아 Bt 면화만 재배했어요. 그 결과 Bt 면화가 들어온 지 8년 만에 인도는 전 세계 면화 수출국 1위이자, 세계에서 두 번째로 큰 면화 생산국이 되었지요. 하지만 Bt 면화는 수십만의 인도 농부를 자살로 몰아넣는 참담한 결과를 낳았어요.

"오늘날 인도의 면화 농부는 대량 학살에 직면해 있습니다. 1995년에서 2013년 사이에 30만 명이 넘는 농부들이 자살했어요. 농부들은 몬산토가 만든 농약을 마시고 비참하게 생을 마감했어요. 몬산토의 Bt 면화 종자는 자살의 씨앗입니다!"

반다나의 주장이 사실일까요? 이제 그 진실을 천천히 따라가 보기로 해요.

반다나 시바, 국제 무대로

토종 종자를 대체하는 씨앗들

유전 공학의 발달로 오늘날 전 세계 농부들이 심는 씨앗은 다수확 품종, 하이브리드 종자, GMO, 이 세 가지 품종으로 대체되고 있어요. 다수확 품종은 화학 물질을 투입해 수확을 폭발적으로 늘려요. 하이브리드 종자는 특정 형질을 얻기 위해 서로 다른 종을 교배해 얻은 첫 세대 종자이지요. 이 잡종 1대(F1)는 우량 성질을 갖고 있지만, 후대로는 이 특성이 이어지지 않아 농부들은 해마다 새로운 씨앗을 사야 해요. 씨앗 가게에서 파는 대부분의 씨앗이 F1 종자라고 해도 무방해요.

GMO는 어느 생물체의 특정 유전자를 뽑아내서 다른 생물체에 삽입하거나 재조합하는 생명 공학 기술을 이용해 만든 새로운 유기체예요. GMO를 상업 목적으로 최초로 판매 허용한 작물은 1994년 미국의 생명 공학 기업인 칼젠(Calgene)이 개발한 토마토였어요. 토마토를 잘 무르게 하는 유전자를 찾아내서 변형하여 수확 후에도 토마토가 단단함을 유지하도록 했지요.

이후 GMO를 본격적으로 상업화하고 사람들에게 각인시킨 기업은 몬산토예요. 몬산토는 유전자 변형 콩과 옥수수에 이어 밀도 개발했지만, 농부들의 반대에 부딪혀 공식적인 재배 허가를 받지는 못했어요. 현재 전 세계적으로 재배되고 있는 유전자 변형 작물은 콩, 옥수수, 면화, 유채(카놀라)예요.

세계 식량 부족 문제를 해결할 수 있다는 점에서 GMO를 긍정적으로 바라보는 시선도 있지만, 2010년 연구에 따르면 GMO를 금지한 유럽의 농산물과 GMO

를 경작하는 미국 농산물의 단위당 생산량에는 별다른 차이가 없었다고 해요. 게다가 GMO에 삽입하는 유전자는 대부분 미생물에서 온 것인데, 이로 인한 독성이나 알레르기 유발에 관해서도 제대로 밝혀진 바가 없어요. 그래서 GMO 작물의 안전성 문제가 계속 제기되고 있지요. 또 GMO는 생태계를 교란시키고, 종 다양성을 파괴해요. 몬산토 같은 다국적 기업의 종자 독점도 큰 문제예요.

한편, 몬산토는 새로운 GMO인 터미네이터(terminator) 씨앗을 만들기까지 했어요. 터미네이터 작물을 길러 씨앗을 채종해 심으면 그 씨앗은 싹을 틔우지 못해요. 몬산토는 농부들이 유전자 변형 작물을 길러 씨앗을 채종해서 해마다 심으면 새 씨앗을 사지 않을 것을 우려해 터미네이터 씨앗을 개발했다고 해요. 만약 터미네이터 유전자가 다른 생명체에 유입되면 어떤 일이 벌어질까요? 아마도 어떤 생명체는 멸종할지도 몰라요. 그래서 터미네이터 씨앗은 상업화가 금지되었어요.

반다나 시바, 국제 무대로

불법 밀입국된 Bt 면화

　1995년 3월 10일, 인도의 하이브리드 종자 기업 마히코MAHYCO가 인도 환경부 산하 유전공학승인위원회Genetic Engineering Appraisal Committee의 허가 없이 'MON531-Bt' 유전자가 포함된 유전자 변형 면화씨 100그램을 인도로 몰래 들여왔어요. 인도의 면화 시장 진출과 독점을 열망하던 몬산토는 1998년 마히코와 합작해 몬산토-마히코Monsanto-Mahyco를 설립했고, 인도의 9개 주에 걸쳐 40개 지역에서 Bt 면화 시험 재배를 시작했어요. 그러고는 그 다음해부터 Bt 면화씨를 상업적으로 판매하겠다고 발표했지요.

　하지만 유전공학승인위원회의 허가 없이 GMO를 들여오거나 시험 재배하는 것은 모두 불법 행위예요. 왜냐하면 인도는 1986년에 고시된 환경보호법에 따라 GMO를 강력히 규제하고 있거든요. 따라서 유전공학승인위원회의 허가 없이 이루어진 시험 재배는 인도를 상대로 한 생물학적 전쟁 행위나 다름없었어요.

　주변 환경에 일단 방출된 GMO는 억제하거나 회수할 수 없어요. 그럼에도 일부 주에서는 시험 재배가 이루어진 땅에 밀, 강황, 땅콩 등의 농작물을 바로 다시 심었어요. 1994년에 제정한 인도의 생물 안전 지침에 따르면 GMO 시험 재배가 된 땅은 최소 1년 동안은 놀려야 하는데 말이지요. 게다가 Bt 면화는 이미 인도 시장에서 공공연하게 거래되고 있었어요.

반다나와 과학·기술·생태연구재단은 법을 위반한 몬산토-마히코를 인도 대법원에 고소했어요. 그리고 더 강력한 제도가 마련될 때까지 Bt 면화를 포함한 GMO를 허용해서는 안 된다고 주장했어요. 또한 Bt 면화가 불법적으로 퍼지고 있는 경위 조사와 농부들에 대한 보상도 요청했어요. 그 결과 2002년 4월까지 Bt 면화 판매가 금지됐어요. 하지만 얼마 후 유전공학승인위원회는 몬산토 제품에 한해서 Bt 면화가 안전하다고 발표했고, Bt 면화 종자인 볼가드 판매를 승인했지요. 이에 대해 반다나는 말해요.

"인도 농부와 생물 다양성이 오로지 몬산토의 이익을 위해 희생되었어요."

전염병처럼 번지는 농부의 자살

농부들은 몬산토의 Bt 면화 볼가드를 선택할 수밖에 없었어요. 몬산토가 공격적인 마케팅으로 인도 면화씨 시장을 독점했기 때문이에요. 공공 품종은 이유 없이 출시가 중단됐고, 대부분의 인도 회사들은 몬산토와 라이선스 계약에 묶여 볼가드만 판매할 수 있었어요.

반다나 시바, 국제 무대로

이렇게 몬산토가 인도의 종자 시장에 진입할 수 있었던 것은 1998년 세계은행의 씨앗 정책 때문이에요. 세계은행은 인도 정부에 씨앗 부문 무역 규제를 철폐하라고 요구했어요. 또 세계무역기구 출범과 지식 재산권 협정이 몬산토의 GMO 특허를 뒷받침했어요.

"다국적 종자 기업들이 Bt 면화 같은 GMO를 강요하는 까닭은 특허권에 대한 로열티 때문이에요. 일단 특허를 내면 기업은 건물주가 월세를 받듯이 몇 세대에 걸쳐 꼬박꼬박 사용료를 받을 수 있지요."

몬산토가 볼가드의 특허를 갖고 있었고, 로열티 지불 때문에 씨앗 가격이 이전보다 네 배 이상 올랐어요. 하지만 씨앗 값만 폭등한 게 아니에요. 반다나의 말을 들어 볼게요.

"Bt 면화를 재배하려면 재배지 1에이커 기준으로 종자 비용 550루피약 1만 2,100원, 기술 비용 2,000루피약 4만 4,000원, 농약 비용 7,500루피16만 5,000원 등 총 1만 50루피22만 1,100원가 필요해요. 계층에 따라 다르지만 인도 사람들의 하루 평균 지출이 100루피를 넘지 않는 것을 감안해 볼 때 어마어마한 비용이었죠."

농부들은 빚더미에 앉을 수밖에 없었어요. 반다나와 나브다냐는 1997년 안드라프라데시주Andhra Pradesh에서 젊은 면화 농부의 자살을 목격한 뒤 '자살의 씨앗'이라는 제목의 보고서를 발행하고 있

어요.

"Bt 면화를 길러 부자가 되겠다던 젊은 농부는 씨앗과 농약을 사고, 관개 시설을 설치하느라 천문학적인 빚을 졌어요. 밤낮으로 빚 독촉에 시달리던 그는 결국 자살하고 말았어요. 그는 농사를 계속 지어 왔지만, 이전에는 결코 빚을 진 적이 없었죠."

인도 최대의 Bt 면화 생산지인 마하라슈트라주Maharashtra 비다르바Vidarbha 지역의 농부들도 고충을 토로했어요.

"광고에서 몬산토는 Bt 면화를 심으면 살충제를 적게 써도 된다고 했지만, 실제로는 전혀 그렇지 않았어요. 큰 빚을 내 씨앗을 심었는데 수확량은 줄고 오히려 병충해만 늘었어요."

"면화 재배에 들어가는 돈은 날로 늘고 정부의 은행 대출은 제한되어 있으니까 사채를 쓸 수밖에 없어요. 빚을 못 갚으면 땅을 몰수하겠다는 협박에 시달리기도 해요."

"우리 지역은 강우에만 의존해 농사를 지어 왔는데, Bt 면화는 관개 시설이 꼭 필요한 작물이었어요. 우리가 빚질 수밖에 없는 이유는 너무나 많아요."

"세계무역기구 출범 이후 농업 보조금은 줄어든 반면, 엄청난 보조금을 받고 재배되는 값싼 미국산 면화가 인도에 쏟아져 들어오면서 면화 값이 폭락했어요."

"2005년에는 정부까지 면화 수매를 중단했어요. 우리는 자살 말

반다나 시바, 국제 무대로

고는 방법이 없습니다."

성공의 꿈에 부풀어 너도나도 Bt 면화를 재배하기 시작한 1997년부터 실제로 농부들의 자살이 급증했어요. Bt 면화의 주요 생산지인 마하라슈트라주, 안드라프라데시주, 케랄라주Kerala, 카르나타카주Karnataka의 자살률이 특히 높았어요. 전염병처럼 퍼져 나간 농부들의 자살은 마하라슈트라주에서 시작됐다고 해도 과언이 아니에요.

"1995년에 마하라슈트라주에서 1,083명의 농부가 자살했는데 2002년에는 3,695건으로 세 배 이상 증가했어요. 몬산토가 Bt 면화를 몰래 들여온 해와 일치합니다. 이후 2013년까지 인도 내 총 30만 명의 농부 자살 중 84퍼센트, 약 252,000건이 몬산토의 Bt 면화를 재배하는 지역에서 일어났어요. 연간 평균으로 따져 보면 1995년과 2000년 사이에 14,462명, 2001년과 2011년 사이에 16,743명이 스스로 목숨을 끊었어요."

빚 구덩이 살충제

농부들이 고가의 Bt 면화씨를 구매한 가장 큰 이유는 살충제를 덜 쓸 수 있다는 몬산토의 광고 때문이었어요. Bt 면화를 심으면 농약 값이 절약되고, 환경에도 도움이 되며, 결정적으로 수확량이 늘어 농부에게 막대한 이익을 준다고 홍보했어요. 그러나 Bt 면화를 재배한 지 얼마 지나지 않아 목화씨벌레가 Bt 독소에 적응했고, 농부들은 더 많은 농약을 사야 했어요.

"사실 이것은 당연한 이치였어요. 해충은 오랫동안 독소에 노출되면 적응하기 마련이니까요. 이게 바로 유전자 변형 종자의 문제점이죠."

몬산토는 목화씨벌레가 Bt 면화에 내성을 갖게 되자 두 가지 독성이 추가된 볼가드 Ⅱ를 판매하기 시작했어요. Bt 독소를 다량으로 방출하는 GMO는 나비, 벌 같은 꽃가루 매개자와 익충도 멸종시킬 뿐만 아니라 슈퍼 해충을 만들어 내요. 나비와 벌은 우리 농업과 식량 안보에 없어서는 안 될 소중한 존재예요. 전 세계 식량의 4분의 1이 꽃가루 매개자들 덕분에 생산되거든요.

몬산토는 목화씨벌레가 볼가드 Ⅰ에 내성이 생겼다는 사실을 인정했어요. 볼가드 Ⅱ가 그것을 증명하죠. 몬산토는 GMO 개발 실패를 스스로 자백한 것이나 다름없어요. 그렇지만 몬산토는 볼가드 Ⅱ가 볼가드 Ⅰ보다 진보된 기술이라고 주장하면서 심지어 더 높은 가격으로 농부들에게 팔았어요. 2008년에 나브다냐와 과학·기술·생태연구재단이 수행한 현장 연구에 따르면 마하라슈트라주의 비다르바에서는 Bt 면화가 도입된 이후 농약 사용량이 13배

반다나 시바, 국제 무대로

Bt 면화씨 볼가드 광고

반다나 시바, 상처받은 지구를 위로해

나 증가했어요.

녹색 혁명의 땅인 펀자브 농부들에게도 Bt 면화는 큰 타격을 입혔어요. 기존 면화에는 없던 온실가루이라는 해충이 갑자기 펀자브 면화의 3분의 2를 먹어 치웠어요. 대부분 몬산토의 Bt 면화를 기르던 농부들이 피해를 입었어요.

"펀자브는 농부의 자살률도 높지만, 농약이 매일 대량 살포되기 때문에 암 발생률이 터무니없이 높아요. '암 기차'가 매일 암 환자를 싣고서 무료 치료를 위해 바틴다Bhatinda로 떠납니다. 너무나도 슬픈 광경이지요."

라운드업 레디 작물부터 Bt 면화까지 몬산토의 유전자 변형 작물들은 인도 농부들에게 황금빛 미래가 아닌 빈곤과 빚, 자살을 안겨 줬어요.

"자연을 통제하려는 것은 무의미해요. 자연은 언제나 이길 것이고, 산업 과학은 언제나 한 걸음 뒤처질 거예요. 다국적 종자 기업으로부터 인도 농부를 해방시킬 수 있는 유일한 방법은 토종 종자를 자유롭게 나누고 유기 농업을 되살리는 것이에요."

반다나 시바, 국제 무대로

몬산토 반대 운동과 종자 재판

　인도의 농부들과 NGO 단체들은 1998년 몬산토의 Bt 면화가 들어오자마자 이에 반대하는 투쟁을 해 왔어요. Bt 면화 시험 재배지를 불사르기도 했지요. 반다나와 과학·기술·생태연구재단, 나브다냐는 공익 소송과 씨앗 순례, 종자 재판 같은 활동을 펼치며 몬산토 반대 운동을 주도해 갔어요.

　앞서 이야기했듯이 몬산토-마히코를 인도 대법원에 고발해 Bt 면화의 판매를 2002년까지 보류시켰어요. 2006년에는 안드라프라데시주가 Bt 면화씨 가격에 대한 불만을 제기했을 때 반다나와 과학·기술·생태연구재단이 개입해 면화씨의 로열티를 낮추도록 도왔어요. 다른 주에서도 안드라프라데시주의 선례를 따라 면화씨 가격을 통제했지요.

　이어서 반다나는 '몬산토는 인도를 떠나라'라는 풀뿌리 운동을 시작했어요. 몬산토가 Bt 면화의 혜택을 광고하자 GMO 작물의 나쁜 점에 대한 대중의 인식을 높이기 위해 벌인 캠페인이었어요. 1942년 간디가 영국에 인도를 떠나라고 외치며 독립을 요구한 '인도 철수 운동'의 기념일인 8월 9일에 시작해 지금까지도 해마다 같은 날에 계속되고 있답니다. 이날 전국에서 온 만 명의 시민들은 몬산토 본부에 인도를 떠나라는 메시지를 전달했어요.

반다나 시바, 상처받은 지구를 위로해

2000년에 반다나는 씨앗 순례 운동을 전개했어요. 유기 농업을 장려하고 토종 종자를 보급하는 운동이에요. 2006년에 농민 단체와 연합해 약 250개 마을을 방문하는 씨앗 순례를 진행하면서 Bt 면화를 태우는 화형식을 치르기도 했지요. 또 Bt 면화 주요 재배지를 순례하며 농부들에게 토종 종자를 나눠 줬어요.

종자 재판소는 GMO 반대자들이 모이는 또 다른 공간이었어요. 2000년 9월, 유럽 미국 등에서 온 4백 명이 넘는 농부들이 종자 재판소에서 모의 법정을 개최했어요. 배심원들은 세계화에 따른 씨앗과 농업의 위기에 대한 증거를 제시했지요. 이 모의 법정은 국내외 언론의 큰 관심을 모았어요.

"몬산토는 특허로 벌어들인 로열티를 농부들에게 보상해야 해요. 또한 그 막대한 로열티가 쌓이는 동안 죽어 간 수십만 인도 농부들에 대한 배상금도 지불해야 마땅합니다. 국제적으로 몬산토는 자연, 사람, 과학 및 지식, 자유와 민주주의에 대한 범죄를 저질렀기 때문에 재판을 받아야 해요."

2016년 10월, 종자 재판소는 실제로 국제 무대에 올랐어요. 반다나가 세계 시민운동 단체들과 연대해 네덜란드 헤이그에서 몬산토 법정을 열었거든요. 인권과 환경 침해 등 인류에 대한 범죄 혐의로 몬산토를 법정에 세운 거예요! 몬산토 법정은 사흘간 계속되었고, 그 장면은 인터넷을 통해 전 세계에 생중계되었어요.

반다나 시바, 국제 무대로

전 세계 몬산토 반대의 날,
"우리는 모든 GMO를 반대한다!"

1990년대 초 GMO 식품이 처음 시장에 나왔을 때는 미 연방 정부가 사람과 동식물의 건강을 위협할 가능성이 있는 GMO 작물과 종자의 판매에 대해서는 통제할 수 있었어요. 하지만 2013년에 오바마 정부가 GMO 식품 생산 및 판매를 전면 허용하는 일명 '몬산토 보호법'을 통과시키면서 우리나라를 포함해 미국, 호주, 프랑스 등 52개국 400여 개 도시에서 이에 반대하는 시위가 벌어졌어요. 25만 명의 서명을 거쳐 결국 6개월만에 몬산토 보호법은 폐지되었고, 이 일을 계기로 GMO 식품의 위협에 대해 전 세계인들은 알게 되었지요. 그 후 세계 각국의 환경 단체와 시민들은 매년 5월 셋째 주 토요일을 '몬산토 반대의 날'로 정하고 GMO 반대 시위를 벌이고 있답니다.

우리나라는 현재 GMO 작물을 많이 수입하고 소비하는 나라예요. 국내 20여 곳 이상에서 GMO 작물이 재배되고 있기도 하죠. 우리들의 밥상은 부지불식간에 GMO 농산물과 GMO 작물로 가공한 식용유로 조리된 음식들로 채워졌어요. 하지만 GMO 표시가 명확히 이뤄지고 있지 않아 어떤 제품에 어느 정도의 GMO가 사용됐는지 알기 어려운 게 현실이에요. 그래서 투명한 식품 정책을 원하는 시민들과 단체에서는 GMO 완전 표시제 시행, 학교 급식에서 GMO 식품 퇴출, 유전자 조작 식물 시험 재배 중단 등을 요구하고 있어요.

반다나 시바, 상처받은 지구를 위로해

소농의 중요성을
알리다

종 다양성과 소농이 식량 안보의 기초입니다.
종 다양성을 파괴하고 농부를 죽음으로 모는
몬산토 같은 기업이 인류를 위한
식량을 보장하지 않아요.

반다나 시바 《에코워치》 인터뷰 중에서(2016)

반다나는 씨앗 운동과 함께 소농을 살리고, 지구도 함께 살릴 수 있는 다양한 활동을 펼쳤어요. 계간지 《씨앗》을 발간하고, 유기 농산물 가게, 슬로푸드 카페 등을 운영하기도 했지요. 또한 '지구 대학'을 세워 환경에 관심 있는 이들에게 유기 농업, 사회 생태학 등 다양한 분야를 배울 수 있는 기회의 장도 마련했어요.

반다나 시바, 국제 무대로

소농이 살면 지구도 회복된다

반다나가 씨앗 운동을 진행하면서 중요하게 여긴 것은 바로 소농 살리기예요. GMO나 산업형 농업이 우리 인류의 식량을 책임진다고 하지만, 그건 거짓된 정보예요. 세계 식량의 30퍼센트만이 산업형 농장에서 해결되고 나머지 70퍼센트는 소농에서 나온다는 사실에 반다나는 주목했어요. 만약 산업형 농업이 지구 식량의 40퍼센트를 차지하게 되면 지구 생명을 지탱하는 생태적 토대가 완전히 무너질 거라고 해요. 산업형 농업은 메탄 가스를 발생해 지구 온난화를 가속화시키거든요.

"멸종이 우리의 운명이 될 수는 없어요. 소농이 전 세계 식량 생산의 100퍼센트가 되도록 끌어올릴 수 있어요. 그 과정에서 우리는 지구를 치유하고, 또 농부와 농촌에 번영을 가져올 수 있어요. 또한 사람들의 건강과 영양을 회복시킬 수 있고, 더욱 공정하고 탄탄하고 회복력 좋은 경제를 만들어 낼 수 있어요."

반다나의 말이 현실 가능성 없이 들리나요? 그렇지 않아요. 반다나가 세운 과학·기술·생태연구재단의 연구원들은 종자 위기와 GMO의 문제점을 연구하고, 계간지 《씨앗BIJA》을 발간해 지속적으로 정보를 알리고 있어요. 나브다냐는 뉴델리 딜리 하트Dilli Haat 시장 안에는 유기 농산물 가게를 열어 그 지역 농부들의 생산품을 직접 판매해요. 로컬 푸드local food 가게인 셈이죠.

전 세계를 이동하는 식품들은 푸드 마일•food mile이 높아 탄소를 발생을 증가시켜 기후 변화에 영향을 미쳐요. 나브다냐의 유기 농산물 가게는 작은 지역 단위에서 '순환하는 경제'를 만들고, 더불어 기후 변화의 위기로부터 지구를 구하죠. 실제 인도에서 가장 높은 매출을 올리는 유기 농산물 브랜드가 '나브다냐'라고 해요. 현재 나브다냐는 뉴델리에 네 곳, 뭄바이 한 곳에서 유기 농산물 가게를 운영하고 있어요.

딜리 하트 시장에는 나브다냐의 슬로푸드slow food 카페도 있어요. 패스트푸드fast food는 전 세계 음식 문화와 맛을 표준화시킨 음식이지만, 슬로푸드는 지역의 다양한 토착 작물을 활용해 고유의 음식을 만들어 내요. 나브다냐의 슬로푸드 카페에서는 제철 재료로 만든 인도의 전통 채식 요리를 선보여요.

테라 마드레에 참여하다

2004년 10월, 반다나는 이탈리아에서 처음 열린 '테라 마드레

반다나 시바, 국제 무대로

● **푸드 마일** 농산물 같은 식료품이 생산자의 손에서 소비자의 밥상에 오르기까지의 이동 거리를 의미해요. 푸드 마일이 길어지는 만큼 탄소 배출량은 늘어나요.

델리 하트의 나브다냐 유기농 매장

매장에서는 다양한 종류의 쌀, 밀, 콩, 식용 기름, 천연 감미료, 기장,
쿠키, 잼, 피클, 식용 허브 등을 팔아요. 각종 토종 종자를 소량으로
팔기도 하고 누구나 볼 수 있도록 종자를 전시해 놓기도 해요.

반다나 시바, 상처받은 지구를 위로해

Terra Madre 운동에 참여했어요.

"테라 마드레는 '대지의 어머니, 지구'를 뜻해요. 세계화 과정에서 생물 다양성, 전통문화 지식을 말살하는 국제 거대 자본에 저항하는 운동이지요. 130여 개국에서 1천 2백여 단체, 5천여 명이 참여하고 있어요."

반다나는 테라 마드레의 '식량의 미래에 관한 선언' 초안을 작성했고 '테라 마드레 국제 미래 식량위원회' 3인의 공동 발기인 중 한 명이기도 해요. 반다나는 이야기해요.

"테라 마드레는 지구의 관리자들에게 감사합니다. 소농들, 지역 생산자들 그리고 그 음식을 소비해서 생산을 증진시키는 공동 생산자들, 음식을 숙성시키는 곰팡이, 땅을 윤택하게 하는 지렁이에

공존을 위한 먹을거리 혁명 《테라 마드레》

이 책은 지구 환경과 먹을거리가 위험에 처해 있다는 경각심을 일깨우는 '테라 마드레 운동'을 소개하며 먹을거리 혁명의 그림을 제시하고 있어요. 기업형 농업 회사가 환경과 생태를 파괴하고 종자 단일화로 생물의 다양성이 사라지고 있음을 일깨워 주고 있어요. 또한 지역 식생활 문화를 통해 현재 식량난과 먹을거리 문제 해결을 위한 미래의 청사진을 보여 주고 있어요.

게도 경이를 표합니다.”

에코페미니스답게 사람과 사람을 연결하고, 사람과 미생물을 연결하여 한가족으로 이야기하는 반다나예요. 반다나는 테라 마드레에서 각국 전통 의상을 차려입은 참가자들을 보며 다음과 같이 말했어요.

“테라 마드레는 검은 양복을 입은 얼굴이 하얀 사람들이 모여 식량 이야기를 하는 국제 회의와는 달라요. 그들은 농민을 빼고 농업에 대해 이야기하지요. 음식은 더 이상 음식이 아니라 전쟁의 부산물이고, 사고 파는 물건이 됐어요. 산업형 음식은 독이에요. 비만, 당뇨병, 고혈압을 일으켜 사람을 죽이고 있어요. 하지만 다양한 색의 의상을 입고 모인 우리들은 지역 사회를 지탱해 온 풍성한 음식을 나누며 이야기해요. 지구의 빛깔처럼 다양하지요. 제가 이것을 보다니, 정말 기쁜 순간입니다.”

‘지구 대학’을 세우다

반다나는 서로 다른 인종과 국가의 사람들을 연결할 뿐만 아니라 식물, 동물, 미생물까지 모두 한가족이라 여겼어요. 그래서 반다나는 사람들이 모여 함께 이야기 나누고 배울 수 있는 곳을 만

반다나 시바, 상처받은 지구를 위로해

선주민들의 테라 마드레
각 나라에서 2년마다 한 번씩 테라 마드레 행사를 해요.

나브다냐의 지구 대학에는 세계 각지에서 온
교육자, 학생, 활동가, 농민 들이 참여하고 있어요.

반다나 시바, 국제 무대로

들고 싶어 했어요. 그는 2004년에 지구 대학Earth University을 우타라 칸드의 둔벨리Doon Valley에 세웠어요. 지구 대학은 식물 다양성 보존을 위한 지속 가능한 생활과 지구 시민권을 위한 교육을 해요. 쉽게 말해 자연과 숲에서 지구 가족으로 사는 방법을 가르치는 거예요.

반다나는 지구 대학을 소개할 때 종종 노벨 문학상을 받은 타고르에 대한 이야기를 해요.

"자연은 지식과 자유의 근원일 뿐 아니라 아름다움, 기쁨, 예술과 미학 그리고 조화와 완벽의 근원입니다. 자연을 보면 우주를 알수 있어요. 자연은 우주의 상징이지요."

또한 반다나는 지구 대학이 인도의 문화와 연결되어 있다고 말해요.

"인도의 가장 위대한 사상이나 철학은 사람들과 떨어져 숲에서 나무, 강, 등 자연과 대화하며 만들어졌어요. 숲의 문화가 인도 사회를 길러 주었어요. 온갖 다양한 나무와 생물이 어울려 사는 숲이 바로 민주주의의 철학이고 인도 문화의 원리예요."

지구 대학 과정은 이삼일에서 몇 주까지 다양한데요. 참가자들은 에코페미니즘, 생물의 다양성, 건강한 먹을거리, 지구 민주주의, 생태학 등에 대해 배우고, 지금의 산업 농업이나 관행 농업의 문제점도 깨닫게 돼요. 이 과정을 마친 사람들은 반다나의 말을 기억해요.

“우리 모두 종자 보호자가 되어야 합니다. 우리가 모두 농부가 될 수는 없더라도 정원사와 재배자가 되어야 해요. 왜냐하면 그 씨앗을 돌보고, 흙을 만지는 것, 씨앗을 흙에 밀어 넣는 일이 가뭄을 해결하는 길이고 기후 변화에 대처하는 일이기 때문입니다.”

반다나 시바, 국제 무대로

국제 시민운동을 이끌다

나는 몬산토에 저항하며 모인 사람에게
연대의 인사를 보냅니다. 몬산토와 맞서는 것은
자유, 민주주의, 우리의 건강과 안전 그리고
씨앗들과 생물 다양성을 향해 나아가는 행진입니다.

반다나 시바

반다나는 나브다냐를 세워 농민들을 결집했고, 동시에 국제적인 운동을
펼쳤어요. 국제적 운동은 물적 자원이 많이 들고 네트워크도 쉽지 않아요.
그런데 어떻게 반다나는 국제 시민운동을 펼쳐 갔을까요?

반세계화 운동

다국적 기업들은 전 세계를 대상으로 생산·가공 및 판매 유통을 해요. 예를 들어, 캄보디아 공장에서 값싸게 청바지를 만들어 유럽 지역에서 팔면 돈을 많이 벌지요. 이렇게 개발 도상국에서 물건을 싸게 사거나 생산해 다른 나라에 비싸게 파는 것이 당연한 사업 방법처럼 생각되기도 해요. 하지만 물건을 싸게 생산하는 나라는 서구 선진국처럼 부자가 될 줄 알았는데 시간이 갈수록 환경만 훼손되고, 점점 더 살기 어려워졌어요. 최근에는 심지어 그 지역의 사람들이 이주 노동자가 되어 전 세계를 떠도는 상황까지 벌어졌어요.

이와 같은 개발 도상국 사람들의 노동 착취나 자연 파괴는 언제부터 시작된 걸까요? 반세계화 운동을 하는 사람들은 이런 방식의 국제 무역이 사실은 식민지 착취와 다를 바 없다고 말해요. 그래도 개발 도상국의 GDP 국내 총생산가 올라갔으니 발전한 것이 아니냐고 반박하는 사람들도 있어요. 하지만 반다나는 GDP가 발전의 기준이 돼서는 안 된다고 주장해요.

반다나는 과학 인재가 많고 자연 자원이 풍부한 인도가 여전히 가난한 이유가 무엇인지 탐구해 보았어요. 그리고 이것이 오랜 식민 생활의 유산이고 현재도 불공평한 방식으로 진행되는 국제 무

반다나 시바, 국제 무대로

역 때문임을 알게 되었죠. 반다나는 강연에서 식민지 시대의 착취와 지금의 자유 무역이 비슷하다고 언급해요. 식민지 시대 때 동인도 회사처럼 지금은 국제통화기금, 세계무역기구, 세계은행 등 국제 기구들이 착취를 돕고 있다고 비판해요.

우리나라 사람들은 '국제 무역' 하면 주로 공산품을 떠올려요. 그만큼 1980년대까지 공산품이 국제 무역의 주요 이슈였어요. 녹색 혁명의 문제점을 연구한 반다나는 농업의 문제점을 잘 알고 있었어요. 그래서 제네바 농업생명공학 국제 회의에 참석했을 때 기업들이 농산물에 눈을 돌렸다는 것을 쉽게 알아차릴 수 있었죠. 반다나는 나브다냐를 설립해 국내 농민들의 힘을 결집했지만 동시에 국제적인 연대를 확산해 갔어요. 국제 회의나 모임은 많은 자원이 필요한데, 어떻게 국가나 대기업도 아닌 나브다냐와 같은 시민 단체가 국제 연대를 펼칠 수 있었을까요?

최초의 반세계화 국제 시위에 참가하다

1988년 9월, 독일 서베를린에서 최초로 반세계화 국제 대회가 열렸어요. 당시 서베를린에서는 세계은행과 국제통화기금의 연례 총회가 열릴 예정이었죠. 반세계화 운동가들을 포함해 거의 10

반다나 시바, 상처받은 지구를 위로해

만 명의 사람들이 회의장 앞에 모여 회의를 취소시키기 위한 시위를 벌였어요. 서베를린 자유 대학 강당에서 열린 이 행사에는 청바지와 가죽 재킷을 입은 사람들, 인디언 판초, 아프리카 다시키 셔츠를 걸친 사람들, 인도네시아 사롱을 두른 사람들로 가득 찼어요. 그때 군중 속에서 사리를 걸친 한 여성이 마이크 앞으로 걸어 나왔어요.

"나는 자연입니다. 나는 생명을 줍니다. 내가 없었다면 지구는 죽었을 거예요. 그러나 나는 발전과 번영이라는 이름으로 반복적인 괴롭힘을 당하고 있어요. 거대한 댐들이 강을 질식시키고 들판과 동물, 사람들이 화학 물질로 중독되고 있어요."

이 여성은 자연을 대표해 연설을 이어 갔고, 군중들은 열광했어요. 그가 바로 반다나 시바였어요! 그 당시 세계무역기구도 없었고 세계화라는 용어도 낯설 때였지만, 그곳에 모인 사람들은 국제기구들이 다국적 기업과 그들이 속한 국가의 대변인임을 알고 있었어요. 그들은 한목소리로 외쳤어요.

"제3세계의 부채를 탕감하라!"

"세계의 기아와 빈곤을 해결하라!"

낯선 사람들과의 연대와 지지를 경험하면서 반다나는 깊은 감동을 받았어요. 그리고 다짐했죠.

"우리는 권력과 불평등의 모든 벽을 무너뜨리기 위해 싸울 겁

반다나 시바, 국제 무대로

니다!"

이후 반다나와 반세계화 운동가들은 국제 기구의 연례 총회 때마다 항의를 이어 갔어요. 이런 거대 국제 시민운동을 처음 구상한 사람은 영국의 유명한 환경 잡지 《에콜로지스트The Ecologist》 발행인이자 편집장인 에드워드 골드스미스Edward Goldsmith 였어요. 테디 골드스미스라는 이름으로 더 많이 알려져 있는 그는 1974년에 인도의 간디평화재단에 머물면서 환경 운동가들과 가깝게 지냈었는데요. 그때 개발 도상국에 산업화가 진행되면서 전통 사회가 망가지고 환경이 파괴되는 것을 목격하고 안타까워했어요.

《에콜로지스트》는 기후 변화, 자원 고갈, 원자력 사고, 유기 농업에 관한 기사들을 다뤄요. 1984년에 대규모 수력 발전소가 생태계에 엄청난 해를 끼친다는 것과 댐 프로젝트 배후에 국제통화기금과 세계은행이 있다는 사실을 잡지를 통해 사람들에게 알리기도 했지요.

반다나는 세계은행의 사회 임업Social forest 프로젝트에 관한 기사를 《에콜로지스트》에 싣게 되면서 테디와 알게 됐어요. 반다나가 최초로 열린 반세계화 운동에 참여할 수 있었던 것은 그와의 인연도 있지만, 무엇보다 반다나가 인도 여성과 환경 문제에 대해 잘 알고 있었기 때문이에요. 당시 반다나는 칩코 운동의 경험을 정리해 《살아남기: 여성, 생태 그리고 생존Staying Alive: Women, Ecology and

Survival》을 출간했어요. 이 책은 인도 시골 마을 여성에게 가해진 억압과 환경 파괴 사이의 유사성을 잘 끌어냈다는 평가를 받았어요. 환경은 모든 사람의 문제라고 여겼지만, 그것이 왜 특히 여성의 문제인가를 설명해 에코페미니스트 사상가로서 이름을 알리기 시작한 거예요. 반다나는 국제 무대에서 자기만의 독창적인 목소리를 낼 수 있었어요.

이를 계기로 반다나와 테디는 오랫동안 교류를 이어 갔어요. 그리고 1994년에는 미국의 제러미 리프킨과 함께 세계화에 대응하기 위한 '세계화에 관한 국제 포럼'을 조직했어요. 이는 반세계화 운동 진영을 대표하는 25개국 60여 개 국제시민사회단체를 망라하는 네트워크로, 반다나는 현재 이 단체의 이사로 활동하고 있어요.

함께 움직일 인도 농민을 집결하다

베를린에서 돌아온 후, 반다나는 농산물과 관련된 국제 협약인 우루과이 라운드에 관심을 기울였어요. 1986년 이후 GATT 회원국 간의 농산물, 지식 재산권, 서비스 무역 분야 협정에 난항을 겪었는데, 1991년 12월 GATT 사무총장 둔켈Arthur Dunkel이 우루과이

반다나 시바, 국제 무대로

라운드의 최종 협정문을 제시했어요. 이걸 '둔켈 초안'이라고 부르는데요. 반다나는 급히 둔켈 초안을 구해 읽었어요.

"기어이 지식 재산권 협정을 이뤄 내려는군. 대놓고 다국적 기업이 개발하는 유전자 변형 씨앗에 특허를 내주겠다는 소리네. 게다가 농산물까지도 관세화한다고? 얼핏 보면 국내 농산물을 보호하는 것 같지만, 사실상 국제 시장에서 농산물을 거래할 근거를 만들어 일정 비율의 돈만 내면, 세계 어디든 농산물을 팔 수 있게 보장해 준다는 거네. 다국적 기업들이 생산한 값싼 수입 농산물이 물밀 듯 들어오는 건 시간문제야. 말도 안 돼! 이건 우리 인도 농부와 모든 개발 도상국 농부들을 죽이는 것과 다름없는 초안이야!"

마치 다국적 기업들과 사전에 말을 맞춘 듯 둔켈 초안은 그들의 요구를 고스란히 다 담고 있었어요. 반다나는 몇 년 전 제네바 농업생명공학 국제 회의에서 직접 목격한 다국적 기업들의 야욕이 떠올랐어요.

"우루과이 라운드 타결을 이대로 두고 볼 순 없어!"

반다나는 우선 나브다냐를 대표해 인도 전역을 돌아다녔어요. 농부들을 만나 우루과이 라운드의 지식 재산권 협정과 농업 협정에 대해 알렸어요. 함께 움직일 사람들을 결집한 거지요.

"지금 이런 말도 안 되는 협상이 진행되고 있어요. 여러분, 더 놀

라운 사실은 이런 협정을 주도하는 이들이 따로 있다는 거예요. 몬산토, 카길 같은 다국적 종자 기업들이에요. 이들은 우루과이 라운드에 관여해 유전자 변형 씨앗에 대한 특허권을 얻고 인류의 공동 자산인 씨앗과 세계 곡물 시장을 독점하려고 해요. 우리가 이들을 멈춰야 합니다!"

반다나는 농민 단체와도 연합해 씨앗을 자유롭게 거두고, 나누고, 교환하는 농부들의 권리를 보호하는 데 힘을 모았어요. 1992년 2월에 나브다냐는 '카르나타카농민연합KRRS의 도움을 받아 'GATT와 농업에 관한 전국 회의'를 조직했어요. 그해 10월에는 KRRS와 함께 호스펫Hospet에서 대규모 농민 집회를 열었지요. 이 집회는 간디의 생일인 10월 2일에 열렸고, 약 5천 명의 농민이 한목소리로 이렇게 외쳤어요.

"우리는 이 운동을 '제2의 인도 독립운동'으로 선언합니다!"

"우리는 GATT에서 요구하는 인도 특허법 개정 명령을 거부하는 전국 운동을 전개할 것입니다!"

반다나는 여기서 멈추지 않고 '종자 사티아그라하Seed Satyagraha' 운동을 시작했어요. 씨앗에 대한 권리를 빼앗으려는 이들에 대한 비폭력 불복종 운동을 전개하는 것이었어요. 칩코 운동에서도 언급한 '사티아그라하'는 간디의 유명한 '소금 행진'에서 따 왔어요. 인도에서는 소금 행진을 '소금 사티아그라하Salt Satyagraha'라고도 부

반다나 시바, 국제 무대로

르거든요.

간디는 1930년 3월 12일부터 4월 6일까지 영국이 인도인들에게 부과한 소금세에 항의하는 비폭력 불복종 행진을 진행했어요. 총 390킬로미터를 걷는 동안 참여하는 사람이 계속 늘었고, 6만 명이 넘는 사람들이 투옥되기도 했지요. 당시 영국은 식민지였던 인도의 염전을 수탈해 소금의 생산과 판매권을 독점했고, 인도인들은 억울하게도 소금을 비싼 값에 사야만 했죠. 간디는 영국에 저항해 인도인 스스로 소금을 생산해 먹자고 주장하며 행진을 주도했어요. 단디 해변에 도착한 간디는 소금을 집어 올리며 이렇게 말했다고 해요.

"우리 생명에 필요한 것을 독점할 수는 없다!"

이 소금 행진에서 '사티아그라하' 정신이 비롯되었어요. '종자 사티아그라하' 운동에 참여하는 농부들은 이러한 서약을 하지요.

"우리는 씨앗을 자연과 조상으로부터 받아 왔습니다. 우리가 받은 다양성의 풍요로움을 미래 세대에게 그대로 물려주는 것은 우리의 의무입니다. 우리는 결코 어떤 법도 따르지 않을 것이며, 지구와 미래 세대에 대한 우리의 의무를 방해하는 어떤 기술도 받아들이지 않을 것입니다. 우리는 앞으로도 씨앗을 저장하고 나누겠습니다."

반다나 시바, 상처받은 지구를 위로해

1993년, 벵갈루루로 전 세계 농민을
불러 모아 시위를 주도하다

1993년 3월 3일, 인도농민연합은 전국 단위의 대규모 집회를 개최했어요. 인도 정부는 이 집회에 금지령을 내렸다가 3월 1일에서야 해제했어요. 벵갈루루와 마드라스Madras에서의 집회에 참여하려는 많은 농부들이 체포됐지만, 결국 델리에 있는 레드포트성에 20만 명의 농부들이 모였어요. 추운 날씨였지만 농부들은 즐거운 표정으로 이 집회에 열광적으로 참여했어요. 대부분의 농부가 녹색 모자와 숄을 둘렀기 때문에 레드포트성은 녹색 물결로 일렁였지요. 몇 달 후 인도의 독립 기념일인 8월 15일에는 농부들이 '집단적 지식 재산권'을 주장하며 그날을 다 함께 기념했어요. 다국적 기업의 종자 독점에 대항해 지역 공동체의 토착 지식 재산을 보호하자는 외침이었어요. 인도에서 이렇게 격렬한 저항이 일어나고 있는 사이에도 GATT는 우루과이 라운드를 이어 갔어요.

"이제 협상 타결이 얼마 남지 않은 것 같아. 이대로는 안 되겠어. 벵갈루루로 전 세계 농민을 불러 모으자!"

반다나는 이 국제 시위를 세계 곳곳에 알렸고, 1993년 10월 2일 벵갈루루의 커번공원에 프랑스, 일본, 이탈리아, 한국은 물론 제3세계의 농부들이 속속 몰려들었어요. 전 세계에서 온 50만 명의

반다나 시바, 국제 무대로

농부들은 커번공원이 떠나가라 외쳤어요.

"농업을 자유 무역에서 제외하라!"

"우리는 생물 다양성에 대한 사람들의 권리를 주장한다!"

"우리는 씨앗을 나누고 보관하는 행위를 범죄로 만드는 지식 재산권에 불복종할 것을 결의한다!"

"우리는 특허 문제에 대한 풀뿌리 운동을 계속할 것이다!"

국제 조직 '비아 캄페시나'를 만들다

시위에 동참한 농부들은 반다나를 찾아와 함께 국제적인 조직을 만들자고 제안했어요. 그리고 곧 벨기에의 몽Mons에 다시 모여 세계 농부들의 단체인 '비아 캄페시나La Via Campesina'를 조직했어요.

"스페인어로 '농민의 길'을 뜻하는 비아 캄페시나는 아프리카, 아시아, 유럽 및 아메리카 81개국, 182개 조직에서 약 2억 명의 소농, 농업 노동자, 여성 농부, 선주민 공동체 등이 참여했어요."

우리나라의 전국농민회총연맹, 전국여성농민회총연맹도 비아 캄페시나에 소속되어 있어요. 이들은 소농을 중심으로 세계화와 신자유주의 반대 운동을 펼치고 있어요. 그리고 인권·여성·환경 운동과도 연대해 성평등, 기후 변화, 생물 종 다양성을 위해 싸우

반다나 시바, 상처받은 지구를 위로해

고 있어요. 특히 비아 캄페시나에서는 여성 농부의 참여와 활약이 두드러지는데요. 소농과 함께 전 세계 식량 생산의 70퍼센트를 책임져 온 여성 농부들의 토착 지식과 모든 형태의 폭력에 맞서 싸운 그들의 오랜 경험은 비아 캄페시나의 소중한 자산이에요.

비아 캄페시나는 1996년에 '식량 주권' 운동을 새롭게 시작했어요.

"식량 주권은 각 나라가 문화적·생물적 다양성을 존중하면서 기본적인 먹을거리를 생산할 수 있는 능력을 유지하고 발전시킬 수 있는 권리입니다!"

이후엔 '민중이 자신의 농업 및 먹을거리 정책을 규정할 권리'까지도 포함시켰지요. 한마디로, 건강한 먹을거리를 생산하고 소비하는 행위를 스스로 결정할 권리예요. 이 당연한 권리를 침해하는 주범은 명확해요. 바로 다국적 종자 기업들이죠.

비아 캄페시나는 식량 주권이 종자 주권에서 나온다고 이야기해요. 다국적 기업들이 특허를 이용해 씨앗을 독점하려 들기 전에는 모든 나라가 종자 주권을 행사했어요. 종자는 생존과 직결되어 있어서 토종 씨앗 보호는 종자 주권 회복에 매우 중요한 일이에요. 종자 주권이 회복되면 식량 주권도 실현할 수 있어요. 반다나가 토종 종자 보호 운동을 펼치는 이유도 이 때문이에요.

반다나 시바, 국제 무대로

소농이 지구를 식힌다!

비아 캄페시나는 기후 변화 위기에 대응하는 소농의 역할을 강조해요. '소농이 지구를 식힌다!'는 구호에는 과학적 근거가 있어요. 산업형 농업은 기후 변화에 책임이 있는 온실가스 총량 중 40퍼센트를 차지해요. 기후 변화의 직접적인 원인으로 꼽힐 만하지요. 그런데 소농의 유기 농사는 땅속에 이산화탄소를 저장하는 능력을 증가시켜 온실가스 배출을 효과적으로 줄일 수 있어요. 연구자들에 따르면 1만 명의 중소농이 유기 농사로 전환하면 도로 위 자동차 1,174,400만 대가 뿜어대는 이산화탄소를 흡수할 수 있다고 해요. 또 소농은 화석 연료로 움직이는 농기계는 물론 화학 비료와 농약을 적게 사용해요. 소농이 생산한 농산물은 대부분 지역에서 소비되니 지구 곳곳으로 농산물을 이동시키지 않아도 된답니다. 여러분도 소농이 생산한 유기 농산물을 구매함으로써 뜨거운 지구를 식힐 수 있어요!

비아 캄페시나는 각국 농민들의 기본권 보장을 위한 '농민권리선언' 운동을 오랫동안 전개해 왔어요. 그 결과 2018년에 유엔이 이 선언문을 공식 채택했어요. 농민의 권리에는 무엇이 포함될까요? 여기엔 적절한 생활 수준과 삶을 영위할 권리, 땅과 영토에 대한 권리, 씨앗에 대한 권리, 여성과 남성의 정의와 평등에 대한 권리 등이 포함돼 있어요. 그런데 가만히 들여다보면 이 모든 것은 인류 모두에 해당되는 권리이기도 해요. 궁극적으로 보다 정의로운 인류의 미래를 꿈꾸는 비아 캄페시나의 싸움은 오늘도 계속되고 있어요.

반다나 시바, 상처받은 지구를 위로해

'바른생활상'을 수상하다

전 세계 50만 농부들이 벵갈루루에서 우루과이 라운드에 반대하는 시위를 벌였지만, 1993년 12월에 우루과이 라운드는 타결되고 말았어요. 결국 다국적 기업은 원하던 대로 유전자 변형 씨앗을 전 세계에 판매하는 것을 합법화했고, 농부들이 씨앗을 거두고 나누는 행위를 불법으로 만들었지요.

"국제적 연대와 대응이 지역에서부터 다시 일어나야 합니다."

반다나는 좌절하는 대신 풀뿌리 운동에 더욱 매진했어요. 그해 반다나의 나이는 마흔셋이었고, 국제적으로도 이름이 꽤 알려져 있었지요. 마을 여성들과 함께 나무를 껴안으며 숲을 지킨 칩코 운동에서부터 여성주의와 생태주의를 결합한 에코페미니즘 운동, 토종 씨앗을 지키고 유기 농업을 장려하는 나브다냐 운동, 다국적 기업과 세계 경제 기구에 반대하는 반세계화 운동까지 다양한 분야에서 지속적인 헌신을 보여 준 반다나는 그 공로를 인정받아 '또 하나의 노벨상'이라 불리는 '바른생활상 Right Livelihood Award'을 수상했어요.

바른생활상은 사회 정의와 인권, 세계 평화, 환경 보호 등 지구와 인류를 위해 힘써 온 개인이나 단체에게 수여되는 상이에요. 수상자들은 오늘날 우리가 직면한 가장 시급한 문제에 대한 실용

반다나 시바, 국제 무대로

적이고 모범적인 해결 방안을 제시하는 사람들이죠. 반다나는 '다양성과 자유'를 제목으로 한 수상 연설에서 다음과 같은 이야기를 들려줬어요.

"귀빈 여러분, 존경하는 의원님 그리고 신사 숙녀 여러분. …… 다양성의 보존은 무엇보다 사회와 자연, 경제 시스템, 지식 시스템 등에서 대안을 만들어 가겠다는 약속입니다. 다양성을 일구고 보존해 가는 것은 우리 시대의 사치가 아닙니다. 그것은 생존의 필수 조건이며, 이 세상의 크고 작은 모든 존재의 자유를 위한 전제 조건입니다."

또 반다나는 같은 해 네덜란드에서 자연 보호에 큰 공헌을 한 사

바른생활상

독일계 스웨덴 사람인 정치가 야코프 폰 윅스쿨(Jakob von Uexküll)이 1980년에 제정한 상이에요. 노벨재단에 환경상 신설을 제안했다가 거절당하자, 자신이 모은 우표를 팔아 재단을 세웠어요. 바른생활상은 정의롭고 평화롭고 지속 가능한 세상을 위해 싸우는 사람들을 지원해요. 현재 70개 나라 178명에게 이 상을 수여했어요. 1978년에는 칩코 운동이 단체 부문 수상을 했고, 2019년에는 기후 위기에 맞서 싸우는 스웨덴의 청소년 환경 운동가 그레타 툰베리가 수상했어요. 상금은 총 3억 원 정도로 셋 또는 네 명의 수상자들이 나눠 가져요.

반다나 시바, 상처받은 지구를 위로해

람들에게 수여하는 '골든아크훈장Order of the Golden Ark'을 받았고, 유엔이 환경 보호에 괄목할 만한 업적을 이룬 개인이나 단체에 수여하는 '글로벌 500대 명예의 전당Global 500 Roll of Honor'에 선정되기도 했어요.

1993년에 많은 일들이 있었지요? 인도 뭄바이에서 국제 농민 대회를 열고, 비아 캄페시나의 초석을 만들고, 그의 활동을 세계적으로 인정받아 '바른생활상'을 타기도 했어요. 이건 끝이 아니라 시작이었어요. 마흔세 살의 반다나에게 앞으로 일을 더 잘하라는 격려였지요. 그 이후 반다나는 반지구화 운동에 적극 참여했어요.

1999년, 시애틀 전투에 참여하다

우루과이 라운드 조약이 타결되면서 지식 재산권과 농업 관세화가 통과되었어요. 다국적 기업들은 콩, 옥수수와 같은 주요 농산물의 유전자를 변형해 과대 광고를 하며 GMO 씨앗을 팔았어요. 반다나는 물러서지 않았어요. 인도에서 GMO 씨앗이 어떻게 30만 농민을 자살로 이끌었는지 조사하고 알렸죠. 그리고 반세계화 운동에 적극적으로 나섰어요.

다자간투자협정조약MAI 논의가 있을 때 반다나는 이것이 앞으

반다나 시바, 국제 무대로

로 어떻게 사람들에게 영향을 미칠지 예측했어요. 개발 도상국이 선진국의 자본에 의해 움직이게 된다는 것을요. 새 밀레니엄을 앞두고, 반다나와 세계 시민 단체는 함께 협정 반대 서명 운동을 했어요. 그리고 1999년 11월 30일, 미국 시애틀에서 대규모 반세계화 운동을 전개했어요. 이곳에서 열리는 세계무역기구의 3차 각료 회의를 결렬시키기 위해서였어요. '시애틀 전투 The Battle of Seattle' 라고 불리는 이 시위는 반세계화 운동의 본격적인 서막을 알린 역사적인 사건이에요.

전 세계 80여 개 나라와 1,300여 NGO 단체에서 약 5만 명이 회담 장소인 시애틀 컨벤션 센터 앞에 모였어요. 노동자의 권리와 지구 환경, 선주민들에게 해가 되는 비민주적인 회담에 반대하기 위해서였죠. 각국의 NGO, 노동 단체, 환경 단체, 여성 단체, 농부, 노동자, 시애틀 시민 들이 모여 5일 동안 격렬한 시위를 이어 갔어요.

"세계무역기구 아웃!"

"다자간투자협정 반대!"

시위대들은 회의장 주변을 인간 사슬로 에워싸고, 시내를 폐쇄해 세계무역기구 대표단의 출입을 막았어요. 시애틀 경찰은 시위대를 향해 곤봉을 휘두르고 최루탄, 후추 스프레이 등을 발사했고 5백여 명을 체포했어요. 하지만 회의장에 입장조차 못한 선진국 대표

1999년 11월 30일, 시애틀 전투에서 시애틀 경찰이 시위대에게
후추 스프레이를 뿌리는 장면이에요. 시위대는 회의를 결렬시키는 데 성공했고,
시애틀 경찰서장은 사임했어요.

반다나 시바, 국제 무대로

들이 있었기 때문에 사실상 각료 회의는 무산됐어요. 대표단들이 언론 인터뷰에서 하루빨리 시애틀에서 탈출하기만을 바란다고 말할 정도로 시위의 영향력은 폭발적이었어요. 훗날 시애틀 전투는 〈이것이 바로 민주주의This Is What Democracy Looks Like〉라는 제목의 다큐멘터리 영화로 만들어졌어요.

지금으로부터 20년 전 그 시애틀 거리에 반다나도 있었어요. 당시 쉰 살을 바라보는 나이였지요. 시애틀 전투는 전 세계 언론의 주목을 받기에 충분했고, 이때 반다나의 이름이 더 널리 알려졌어요.

"저는 시위대들과 이렇게 외쳤어요. '우리의 세계는 파는 게 아니다!Our world is not for sale!' 우리의 세계가 멸종과 기후 대재앙을 겪고, 곧 파괴 직전에 와 있는 까닭은 세계를 파괴해 계속해서 돈을 벌려는 사람들이 있기 때문이니까요."

시애틀 전투 이후 반세계화 운동가들은 세계무역기구, 세계은행, 국제통화기금 등 국제 기구의 연례 총회 때마다 시위를 이어가며 세계 시민 사회 운동에서 중요한 역할을 하게 됐어요. 반다나와 미국의 석학 노암 촘스키 등이 반세계화 운동의 철학적 토대를 만들었다는 평가를 받아요. 노암 촘스키는 '신자유주의 자체가 테러리즘이다'라는 말을 남기기도 했지요.

또 시애틀 전투의 여세를 몰아 반세계화 운동가들은 '세계사회포럼World Social Forum'을 결성했어요. 해마다 스위스 다보스에서 열리

반다나 시바, 상처받은 지구를 위로해

는 '세계경제포럼Davos Forum'에 대항하는 국제 행사예요. 세계경제 포럼에 몰리는 언론의 주목도를 낮추기 위해 세계경제포럼이 열리는 때에 맞춰 행사를 진행해요. 2001년 1월 브라질에서 첫 회담을 시작으로 매년 세계화에 반대하는 전 세계 NGO가 참여하고 있어요. 세계 민중이 처한 삶의 위기의 원인을 함께 살피고 대안을 논의해요.

세계사회포럼의 구호는 '또 다른 세계는 가능하다Another world is possible'인데요. 또 다른 세계는 어떻게 가능할까요? 반다나는 이를 가능하게 하는 힘이 '연대'라고 말해요.

"참공동체를 만드세요. 서로에게 든든한 뒷받침이 되고 서로를 존중하고 사랑할 수 있는 모임이어야 합니다. 생각보다 단순해요. 그냥 참다운 친구들, 참다운 모임들, 참다운 연대면 됩니다."

2003년, 멕시코 칸쿤에서 이경해 농부를 기억하다

반세계화 운동의 시작부터 적극적으로 참여했던 반다나는 2001년 《아시아위크지》의 '아시아에서 가장 중요한 인물 5인'에 선정되었어요. 그리고 2003년에는 《타임지》의 '환경 영웅'에 선정됐어

반다나 시바, 국제 무대로

2003년 1월, 브라질 포르투알레그레에서 열린 세계 사회 포럼에는
약 10만 명이 모였어요. 세계 사회 포럼은 전 세계 민중의 연대와 결집의 장이에요.

반다나 시바, 상처받은 지구를 위로해

요. 반다나의 목소리는 더욱 설득력을 갖게 됐고 사람들의 지지를
받았지요.

2003년 9월, 멕시코 칸쿤에서 세계무역기구 5차 각료 회의가 예
정돼 있었어요. 반다나는 5차 각료 회의에 미국의 최대 곡물 회사
카길사가 개입했다고 비판했어요.

"세계무역기구의 농업 협상은 카길사의 이해를 대변하는 카길
사 협정이나 다름없어요. 소수의 다국적 기업과 선진국들이 주도
하는 이번 협상은 각 나라의 농업 시장을 파괴해 농부를 죽음으로
내몰고, 인류의 건강에도 심각한 위협을 가할 겁니다."

각국의 농민 단체와 반세계화 운동 단체가 칸쿤으로 모여들었
어요. 우리나라에서도 150여 명의 농부가 멕시코로 날아갔어요.
개막식이 열리던 9월 10일 낮 12시 50분, 시위대들은 칸쿤광장에
서 회의장 쪽으로 행진했어요.

"세계무역기구의 농업 협정을 당장 중단하라!"

멕시코 경찰들은 바리케이드로 시위대들을 막아 세웠어요. 한
바탕 소란이 일던 중 우리나라의 이경해 농부가 구호를 외치고 자
결했어요. 그가 마지막으로 외친 구호는 바로 이것이었어요.

"세계무역기구가 농민을 죽인다!"

순식간에 벌어진 일에 거리는 충격과 슬픔으로 가득했어요. 시
위대들은 이경해 농부의 죽음을 애도하며 추모 행렬을 이어 갔어

반다나 시바, 국제 무대로

요. 세계무역기구는 회의를 예정대로 강행하겠다는 태도를 보였지만, 14일 오후 결국 각료 회의는 공동 선언문을 채택하지 못한 채 폐막되었어요.

반다나는 이경해 농부의 죽음을 이렇게 기억해요.

"그의 죽음은 고통을 참아 오던 수많은 농민들의 마음을 움직였어요. 그리고 세계무역기구는 뜻하는 바를 이루지 못했죠. 정의와 공정한 무역을 위해 우리는 더 강하게 투쟁을 이어 갈 겁니다."

비아 캄페시나는 이경해 농부를 기리기 위해 그가 생을 마감한 9월 10일을 세계무역기구에 대한 국제 투쟁의 날로 정해 반세계화 운동을 격렬하게 펼쳐 나가고 있어요.

2004년, 뭄바이 제4차 세계 사회 포럼에서 물 민영화를 알리다

시애틀 전투 이후 2001년부터 세계경제포럼이 열리는 시기에 대응해 세계 사회 포럼은 매년 열렸어요. 특히 2004년 인도 뭄바이 네스코센터에서 개최된 네 번째 세계 사회 포럼은 중요한 의미가 있어요. 첫째로, 전 지구적 저항 운동이 아시아를 주축으로 진행됐다는 점, 그리고 무엇보다 민중과 함께 행사를 만들었다는 거

반다나 시바, 상처받은 지구를 위로해

예요. 6일 동안 130여 개 나라에서 10만 명이 참여해 세미나와 토론을 진행했어요. '세계화와 전쟁'이 가장 중요한 쟁점이었지요.

'전쟁' 하면 유럽에서 일어난 제1차, 제2차 세계 대전을 떠올리기 쉬워요. 하지만 아시아, 아프리카 입장에서 보면 지금도 지역 분쟁은 끊임없이 일어나고 있어요. 세미나에 참석한 많은 연사들은 "자본주의 세계화와 전쟁은 한 몸뚱이에서 나온 야만이다!"라고 입을 모아 이야기해요.

인도의 소설가이자 수필가로 부커상 수상 작가인 아룬다티 로이Arundhati Roy, 이란의 변호사로 2003년 노벨평화상 수상자인 시린 에바디Shirin Ebadi, 영국의 정치인으로 반전 운동가인 제러미 코빈Jeremy Corbyn도 이 자리에 참석했어요. 그뿐 아니라 클래식, 연극, 춤 공연 등 문화 행사와 민중의 저항을 담은 85편의 영화를 상영해 민중의 관심을 높이고 세계 사회 포럼의 메시지를 효과적으로 전달했어요. 가장 눈에 띄는 참여자들은 인도의 불가촉천민 달리트Dalits와 원주민 아디바시Adivasi였어요. 이들은 행사장 출입이 제한됐지만, 연일 행사장 주변 곳곳을 떠들썩하게 행진하며 지역 공동체, 카스트 제도, 인종주의, 가부장제, 여성 문제와 같은 이슈를 새롭게 만들어 냈어요. 뭄바이 세계 사회 포럼의 진짜 주인공은 바로 이들과 같은 민중이었어요.

반다나 시바, 국제 무대로

뭄바이에서 세계 민중 물 포럼을 개최하다

반다나는 10만 명의 사람들이 참여한 세계 대회를 그냥 넘기지 않았어요. 그는 '물 민영화' 문제를 집중 조명했어요. 소금, 씨앗과 마찬가지로 물은 사람들에게 소중한 공유재이죠. 국가가 운영해야 하는 공공 서비스를 민간 기업에 맡기는 것을 민영화라고 하는데요. 기업은 이익을 남기려고 하기 때문에 물이 민영화되면 수도 요금을 올릴 테고, 사람들은 생존을 위해 어쩔 수 없이 물이 비싸도 사야 하는 상황이 발생하겠죠.

물이 돈이 된다는 걸 알아챈 프랑스의 수에즈Suez, 비벤디Vivendi, 미국의 벡텔Bechtel, 영국의 바이워터Biwater 같은 다국적 물 기업들은 물 민영화를 찬성했어요.

"가난한 나라에 가장 합리적으로 물을 제공하는 길은 바로 우리 같은 기업에 물 관리를 맡기는 것입니다."

세계은행, 국제통화기금과 같은 국제 경제 기구도 다국적 물 기업 편에 섰어요. 이들은 아프리카나 개발 도상국 등에 돈을 빌려주고 수도를 건설하게 하는 대신 다국적 기업에 물 공급 사업권을 넘겨주거나, 물 민영화를 조건으로 들이밀었어요. 다국적 기업들은 이들 나라에서 퍼 올린 물을 가지고 세계 생수 시장도 장악해 나갔지요. 반다나는 사람들에게 이야기했어요.

반다나 시바, 상처받은 지구를 위로해

“우리 인도뿐만이 아니에요. 전 세계 곳곳에서 물 민영화가 진행되고 있어요. 인간의 탐욕이 빚은 결과이지요. 물을 너무나 무책임하게 사용하는 사람들도 문제예요. 지구의 물 위기를 손 놓고 지켜볼 수는 없어요.”

반다나는 2001년에 다국적 기업들이 물을 상품화하고, 물 민영화에 반대하는 ‘푸른지구운동Blue Planet Project’을 결성했어요. 이들은 물이 인류의 공동 재산이며, 물은 평등하다고 이야기해요. 또한 물은 기업의 이권이 아닌 인권이라고 규정하지요.

반다나는 2003년 3월 일본 도쿄에서 열린 세계 민중 물 포럼에 참여해 물 민영화 반대 논쟁을 주도했어요.

“우리의 물은 판매용이 아니에요. 물은 생존을 위한 권리인 동시에 생명입니다!”

뭄바이 세계 사회 포럼에서 코카콜라는 우스꽝스런 이름으로 불렸어요.

“킬러 콜라.”

“독약 콜라.”

인도 케랄라주Kerala 팔라카드Palakkad에 위치한 플라치마다Plachimada 마을에서 온 사람들의 외침이었어요. 플라치마다 마을과 코카콜라사와의 ‘물 전쟁’은 물 민영화 반대 운동을 인도 전역으로 확산시킨 계기가 됐어요. 1999년 플라치마다 마을에 공장을 세

반다나 시바, 국제 무대로

운 코카콜라사는 지하수를 마구 퍼 올렸어요. 그러자 수개월 뒤에 마을 땅이 황폐해졌고 사막화가 진행됐지요. 가뭄까지 더해져 마실 물이 부족해지자 마을 여성들은 5킬로미터나 떨어진 마을로 물을 구하러 다녀야 했어요. 게다가 코카콜라사가 농부들에게 코카콜라를 만들고 난 찌꺼기를 퇴비로 주었는데, 그 찌꺼기 속에서 납과 카드뮴 같은 독성 물질이 나왔어요. 마을 사람들은 피부병 등 질병에 시달렸어요. 하지만 코카콜라사는 변명하기에 급급했지요.

"물 부족은 가뭄 때문입니다. 오히려 우리 공장도 가뭄 때문에 피해를 보고 있어요."

화가 난 마을 주민들은 2002년 4월부터 코카콜라 공장 폐쇄를 요구하며 싸우기 시작했어요. 이듬해 4월 22일 지구의 날에 반다나는 플라치마다 여성들에게 초대를 받아 그 마을에 갔어요.

"코카콜라사는 우리 지역에서 하루에 150만 리터의 물을 퍼 올렸고, 우물에 남아 있는 물까지 오염시켰어요."

"코카콜라사는 인도에서 퍼 올린 물로 생수 시장에도 진출했어요."

"코카콜라사는 우리의 물을 훔치는 걸 멈춰야 해요."

"우리는 물을 구하기 위해 더 이상 멀리까지 걸어가지 않을 거예요."

여성과 원주민, 불가촉천민, 농장 일꾼, 농부들이 코카콜라 공장

맞은편에 코카콜라 반대 캠프를 열었고, 반다나는 그들과 코카콜라 공장 폐쇄 운동에 동참했어요. 전 세계 환경 운동가들도 플라치마다 마을을 찾아와 연대를 표했어요. 코카콜라 공장 앞에서 24시간 경계 근무를 서고, 거리 행진과 대규모 집회를 열었지요. 그리고 전 세계 언론이 집중된 세계 사회 포럼 이틀째인 1월 17일, 반다나는 세계 민중 물 포럼을 개최했어요.

"인류 공공의 재산을 민영화하고 사유화하는 것은 정말 나쁜 짓입니다. 우리는 인류에게 주어진 천연자원을 공유해야 합니다. 모든 시민이 물에 대해 결정할 권리가 있다는 것을 인식하고 '물의 민주화'를 주장해야 합니다. 그런 활동을 위한 문화 운동을 지금 시작합시다!"

반다나가 네스코센터에서 연설을 하자 사람들의 환호가 쏟아졌어요. 반다나는 세계 사회 포럼을 마치자마자 플라치마다로 이동해 세계 물 회의를 조직했어요. 그 자리에서 마을 주민들은 다음과 같은 선언문을 채택했어요.

"코카콜라사는 지역 사회의 존재를 위태롭게 만들었습니다. 우리는 물을 시장화하고 사유화하고 기업화하려는 모든 범죄 시도에 저항해야 합니다!"

드디어 2004년 2월 케랄라주는 플라치마다에 집중되는 국제적인 관심과 물 위기를 근거로 코카콜라 공장 폐쇄를 명령했어요.

반다나 시바, 국제 무대로

또 2011년에는 코카콜라사에 피해자 구제 및 보상 청구를 할 수 있는 법안을 통과시켰어요.

2005년, 세계 시민 GMO 챌린지 운동을 펼치다

뭄바이 세계사회포럼을 성공적으로 마친 이듬해, 2005년 12월 반다나는 세계무역기구 6차 각료 회의가 열리는 홍콩에 있었어요. 당시 미국과 유럽 연합은 GMO를 둘러싼 무역 분쟁 중이었어요. 유럽 연합이 환경과 건강을 이유로 미국의 GMO 수입을 금지했거든요. 미국은 유럽 연합이 무역 규범을 어겼다며 세계무역기구에 소송을 제기했어요. 세계무역기구는 미국의 손을 들어 주려는 움직임을 보였지요.

이를 지켜보던 반다나는 세계 시민 GMO 챌린지 운동을 펼쳤고, 세계무역기구의 GMO 식품 관련 분쟁 반대 청원서에 740개 이상 단체, 6천만 명의 서명을 받아 냈어요. 이를 들고 홍콩으로 간 반다나는 프랑스의 농부와 영국의 유럽 의회 녹색당 위원과 함께 당시 세계무역기구 사무총장 파스칼 라미Pascal Lamy에게 청원서를 전달했어요. 청원서에는 유럽 국가는 GMO 식품과 작물이 초래하는 위험으로부터 땅과 환경, 소비자를 보호하기 위한 적절한

반다나 시바, 상처받은 지구를 위로해

조치를 취할 권리가 있고, 세계무역기구는 이 권리를 훼손하지 말아야 한다는 시민들의 요청이 담겨 있었지요.

반다나는 당시 언론 인터뷰에서 이렇게 말했어요.

"유엔 생명 공학 안정성 의정서는 각국이 GMO 수입을 금지하기 위해 예방 원칙을 사용할 수 있도록 허용하고 있어요. 그런데도 세계무역기구는 우리에게 GMO를 강제로 먹일 수도 있다고 말하고 있어요! 이 무역 분쟁은 세계무역기구의 최악의 모습을 보여 줍니다."

이후 영국, 스페인, 독일, 이탈리아, 스웨덴, 미국, 캐나다, 브라질, 아르헨티나, 케냐, 남아프리카공화국, 에티오피아 등 전 세계적으로 안티 GMO 운동이 일어났고, 반다나는 이 운동을 적극적으로 지원했어요.

반다나 시바, 국제 무대로

소똥상

세계화와 GMO 반대 운동을 끈질기게 펼쳐 온 반다나
는 환경과 진보 진영에서 가장 주목받는 인물이 됐어
요. 그걸 증명하듯 2005년에는 스웨덴의 페아 홀름퀴
스트, 수잔 카달리안 감독이 반다나의 역동적인 활동을
담은 다큐멘터리를 발표했어요. 이 다큐멘터리의 제목
이 뭔지 아세요? 바로 '소똥(Bullshit)'이에요.

반다나가 대륙을 넘나들며 강연과 연설을 하고, 시위를 조직하고 연대 투쟁을 강
화해 갈수록 그를 비판하는 사람도 늘었어요. 그중 몬산토가 민중에게 더 나은 삶
을 가져다준다고 믿는 신자유주의 로비스트 바룬 미트라(Barun Mitra)가 반다나에
게 소똥상(Bullshit Award)을 주었어요. Bullshit의 원래 뜻은 '소똥'이고 비속어
로는 '엉터리', '거짓말'을 의미해요. 반다나가 주장하는 유기 농업, 생명 윤리,
반세계화 운동이 모두 거짓이며, 오히려 그런 주장들이 인도를 가난에서 벗어나
지 못하게 한다고 소똥상을 준 거예요. 하지만 소똥은 인도에서 연료, 집을 짓는
재료 등 매우 소중한 자원으로 쓰인답니다. 반다나에게 소똥은 자연에서 얻은 중
요한 에너지예요.

다큐멘터리는 소똥으로 만든 데라둔의 나브다냐 유기 농장을 시작으로 미국의 다
국적 기업 몬산토, 세계무역기구 회의가 열리는 멕시코 칸쿤, 코카콜라와 물의
전쟁이 벌어진 케랄라주 등 빠른 걸음으로 세계 곳곳을 누비는 반다나를 2년간 쫓

반다나 시바, 상처받은 지구를 위로해

으며 그의 활동을 카메라에 담았어요. 반다나는 세계화와 특허권, GMO 작물이 농부의 삶을 어떻게 파괴하는지 생생하게 보여 줘요. 우리나라에서는 2006년 서울국제여성영화제에서 이 다큐멘터리가 상영됐어요.

데라둔의 흙살림 연구소

데라둔의 나브다냐 유기 농장에는 비료를 개발하고, 흙 성분을 분석해 농부들이 유기 농법으로 농사를 지을 수 있도록 돕는 흙살림 연구소가 있어요. 그곳에서는 천연 퇴비와 천연 살충제를 만들어 보급하기도 하는데요. 이때 소똥이 아주 유용하게 쓰이고 있어요. 땅 위에 소똥을 뿌리고, 그 위에 흙을 올린 다음 지렁이를 뿌리면 지렁이가 흙 속으로 파고들면서 흙이 자연 분해되어 천연 퇴비가 돼요. 천연 액체 살충제 또한 소똥을 뿌리고 그 위에 흙, 벌레, 맨 위에는 짚을 놓은 다음 위쪽에 설치된 물통에서 물이 떨어지도록 하면 발효 과정을 거쳐 맑은 액체가 나오게 되는데 이 액체가 바로 벌레를 없애 주는 천연 살충제가 되는 거예요. 이렇게 인도의 유기 농법에서 소똥은 빼놓을 수 없는 중요한 자원이랍니다.

천연 살충제를 만드는 곳

반다나 시바, 국제 무대로

6

Vandana Shiva

미래 세대와
연결하다

희망을 향해
내딛는 발걸음

착취형 경제에서 순환형 경제로 전환해야 합니다.
살아 있는 지역 경제는 붕괴가 아닌 베풂, 공유,
그리고 쇄신을 바탕으로 합니다.
반다나 시바, NOP 국제 컨퍼런스 〈우리의 삶은 어떻게 재구성되는가?〉 대담 중에서(2020)

반다나는 문제를 만나면 피하지 않았어요. 안정된 직장인 연구소를 그만
두고 지역 여성들과 연구재단을 만들 때도, 씨앗을 장악하려는 대기업의
계획을 알게 되었을 때도 피하지 않고 전략을 세워 움직여 나갔죠. 최근
기후 위기 문제가 등장하자 사람들은 반다나의 목소리에 더 귀 기울이기
시작했어요.

에코 여전사, 반다나 시바

여러분이 지금까지 살펴본 반다나의 모습은 어떤가요? 세상 사람들은 반다나에게 '에코 여전사'라는 별명을 붙여 줬어요. 미국의 유명한 저널리스트인 빌 모이어스Bill Moyers는 반다나를 유전자 조작 씨앗을 둘러싼 세계적 전투의 '록 스타'라고 불렀지요. 유명한 록 스타들은 전 세계를 돌며 공연을 하죠? 반다나는 록 스타 못지않은 빡빡한 일정으로 대륙을 넘나들며 반세계화 집회, 안티 GMO 집회에 참여하고, 여러 국제 회의와 환경 단체, 여성 단체, 대학 캠퍼스는 물론 다양한 NGO 등에서 재치 있고 카리스마 넘치는 모습으로 연설을 하고 있어요. 하지만 반다나도 어린 시절엔 수줍음 많은 아이였다고 해요.

"믿기 어렵겠지만 어렸을 때는 말해야 할 순간이 오면 탁자 밑에 숨었어요. 그런데 지금은 어디에서나 말을 하고 있네요!"

반다나는 청중을 매혹시키고, 설득력이 뛰어나고, 대중과 직접 만날 때 굉장한 에너지를 내뿜어요. 그의 빼어난 말솜씨는 꾸준한 글쓰기에서 비롯됐어요. 반다나는 현재까지 약 25권이 넘는 책과 과학 기술 분야의 주요 잡지에 500편 이상의 논문을 발표한 작가이기도 해요. 이외에도 나브다냐 홈페이지는 물론 자신의 트위터와 페이스북, 다양한 잡지에도 활발하게 글을 쓰고 있어요.

미래 세대와연결하다

반다나는 아무리 힘든 상황에서도 절망에 휩싸이지 않는 게 중요하다고 말해요.

"희망은 다른 자질처럼 주어지는 게 아니에요. 희망은 일구어 가는 것이죠. 나는 매일 희망을 일궈 가기 때문에 희망적이에요. 왜 그런 상황이 있잖아요. '맙소사! 이건 너무 끔찍해!' 그럴 때 저는 지금 내가 할 수 있는 게 무엇일까 생각해요. 나의 작은 발걸음, 내가 어떻게 보탬이 될 수 있을지 말이죠. 물론 혼자서는 힘들어요. 사람들과 함께함으로써 가능한 일이죠."

기후 변화와 식량 안보를 이야기하다

최근 기후 변화 문제가 심각하지요. 반다나는 농업이 기후 변화와 밀접한 관계가 있다고 주장해요. 따라서 기후 변화 관련 국제회의에서 반드시 농업 문제를 다뤄야 한다고 주장하고 있어요. 그는 기후 변화와 식량 안보가 농업과 밀접한 관계가 있음을 알았어요. 그리고 이탈리아 토스카나주 크라우디오 마르티니와 함께 '식량과 농업의 미래에 대한 국제위원회'의 공동 위원장을 맡아, 2007년에 '기후 변화와 식량 안보의 미래에 대한 선언'을 발표했어요.

반다나 시바, 상처받은 지구를 위로해

이 선언문에는 반다나의 오랜 환경 운동 경험과 지식이 고스란히 담겨 있어요. 우선 전 지구적 산업형 농업이 기후 변화를 일으키는 온실가스 배출의 4분의 1가량 책임이 있다고 지적해요.

"산업형 식량 시스템은 화석 연료를 사용해서 이산화탄소를 발생시키고, 화학 비료를 사용해 산화질소가 나오고, 공장형 농장에서는 메탄이 나오지요. 기후 변화에 관한 정부간 협의체에서는 이산화탄소의 대기 농도가 산업화 이후 280피피엠에서 403.3피피엠으로 증가했다고 발표했어요. 지구 온도는 2~3도 상승했고 해수면은 10~20미터 높아졌지요."

이런 이야기를 사람들에게 알리며 반다나는 농업이 어떻게 바뀌어야 하는가를 이야기해요.

"산업형 농업에서 벗어나 생태적인 유기 농업으로 전환해야 합니다. 단일 품종 농장을 짓고, 기계와 화학 비료를 사용하고, 대량 생산한 식량을 세계 각국의 수출하는 과정에서 너무 많은 탄소가 발생하고 있어요. 게다가 개량한 종자만 농사를 지으면서 수많은 토종 종자들이 사라졌어요. 다양성이 사라지면 식량 안보가 취약해지고 토지 복원력이 약해집니다."

반다나는 개량종의 문제점도 지적했어요.

"개량종 재배에는 물이 너무 많이 쓰입니다. GMO 씨앗은 어떻게 자연에 해악을 끼칠지 몰라요. 최근에 식물 연료가 화석 연료

미래 세대와 연결하다

의 대안이라고 하는데, 그건 부지불식간에 GMO를 확산시킬 거예요."

반다나는 글로벌 산업형 농업이 아니라 생태 농업적 소농이 미래의 해법이라고 주장해요. 유기농은 흙이 탄소를 머금어 대기 중 탄소량을 줄이고, 지역 경제로 장거리 유통에서 발생하는 탄소도 감소시킬 수 있다는 거지요. 무한 소비를 풍요라고 여기고, 사람들의 돈 거래만 측정한 GNP 국민 총생산를 경제 성장 지표로 삼는 것도 이제는 바뀌어야 한다고 말해요.

반다나는 자신의 저서 《석유가 아니라 흙 Soil Not Oil》이라는 책에서 지금 인류가 맞닥뜨린 긴박한 문제인 기후 위기, 에너지 고갈과 식량 위기를 '3중 위기'로 언급했어요. 점차 많은 사람들이 반다나를 만나 그의 지혜를 듣고자 했어요.

"식량 위기는 가난한 사람들의 생존을 위협하는 가장 절박한 위기예요. 하지만 기후와 에너지 고갈 위기가 식량 위기를 더욱 악화시킬 겁니다."

"사람들이 공장을 세우고 수출하면 돈을 벌 수 있다고 무역 자유화 협정을 말해요. 그런데 이렇게 이룬 경제 성장은 결국 기후 변화가 임계점에 다다르면 물거품이 돼요."

이렇게 문제점을 지적할 뿐만 아니라 반다나는 해결책, 우리가 경제 체계와 삶을 어떻게 바꿔야 하는지에 대해서도 이야기해요.

반다나의 주요 저서들

《자연과 지식의 약탈자들》 당대 | 2000

선진국과 다국적 기업들의 생물 해적질을 직접 겪은 반다나는 그 경험을 책으로 엮었어요. 이 책에서 반다나는 다양한 자연환경과 문화 속에서 발전한 개발 도상국 선주민들의 토착 지식이 선진국의 자유 무역과 지식 재산권, 유전 공학에 의해 어떻게 착취당했는지 낱낱이 밝혔어요.

《물 전쟁》 생각의나무 | 2003

거대 기업이 국제적으로 댐 건설, 광산 개발 등에 개입해서 지구의 물 자원이 어떻게 침해당하는가를 기술한 책이에요. 반다나는 인종 전쟁과 종교 전쟁이 사실은 수자원과 같은 자연 자원을 둘러싼 충돌임을 보여 주고 있어요.

《이 세계의 식탁을 차리는 이는 누구인가》 책세상 | 2017

음식과 농업을 둘러싼 지식과 실천의 패러다임 전환을 주장하는 책이에요. 생명 다양성에 기초한 소농 중심의 생태 패러다임으로 전환하는 것이 지구와 사람들의 미래를 위한 것임을 말하고 있어요.

미래 세대와 연결하다

"탈석유와 탈산업화를 해야 해요."

"화석 연료 대신 재생 에너지로 바꿔야 해요."

"연료를 많이 소비하는 장거리 무역 대신 지역 중심의 자급자족 경제 체제가 되어야 합니다."

"화학 비료를 쓰는 산업형 단일 경작 농업이 아니라 유기적인 다품종 생태 농업으로 전환해야 해요."

"자본과 시장의 탐욕 중심이 아니라 지구의 종 다양성 중심의 구조로 바뀌어야 합니다."

이렇게 반다나는 경제 패러다임을 변화시키는 일이 절실하다고 주장해요. 기후 위기로 희망이 없다고는 하지만, 반다나는 우리가 무엇을 할 수 있는지 제안하며 희망을 일궈 가고 있어요.

2019년, 미래 세대의 주역 그레타 툰베리를 만나다

기후 위기는 전 지구적인 연대가 필요한 일이죠. 오랫동안 환경 운동을 이끌었던 반다나는 최근 유엔 스웨덴 활동가 그레타 툰베리Greta Thunberg의 연설에 귀 기울였어요. 청소년이 환경과 자신의 미래를 연결해서 생각하고 미래 세대를 위해 기후 정의를 실천해 달

반다나 시바, 상처받은 지구를 위로해

라고 호소하는 모습은 매우 긍정적인 신호라고 반다나는 말해요.

"나는 그레타 툰베리를 만났어요. 그레타는 '멸종에 저항하기 Extinction Rebellion'를 추진하고 있어요. 제 책에서 나는 살아 있는 종을 고의로 파괴하는 행위를 비판했어요. 툰베리는 정확하게 제가 주장한 것을 이해하고 있었죠. 생명을 지키기 위해 젊은이들이 비폭력 불복종 형태의 '생명의 사티아그라'를 벌이고 있어요."

반다나가 기후 위기와 관련해 다음과 같은 강연을 한 적이 있어요.

"우리는 붕괴의 위기 속에 살고 있습니다. 오랫동안 남성들이 만든 문화 속에 사람들은 실수에서 배우기를 거부했고, 다른 사람으로부터 배우기를 거부해 왔죠. 오늘 우리에게 닥친 위기와 붕괴 위험은 우연이 아닌 오만과 무지의 결과입니다. 저는 확신에 찬 목소리로 '멸종에 저항하기'를 강하게 외치는 청소년들을 보면 기뻐요. 저는 그들 안에서 진정한 자유와 민주주의가 탄생하는 것을 봅니다."

반다나는 그레타 툰베리와 같은 젊은 세대가 새로운 세계를 열 것이라며 그들에게 존경을 표했어요.

"누가 강요한 것도 아니고, 지시한 것도 아닌데 지역적으로 스스로 조직을 만드는 것은 공유지commons 철학과 관련이 있어요. 이 것은 우리들의 삶, 민주주의가 작동하는 방식이에요. 저는 그들이

미래 세대와 연결하다

새로운 역사를 열 것이라고 봅니다."

미래 세대에게
'어머니'로 기억되고 싶습니다

2019년에 인도의 신문 매체《IDR》에서 반다나에게 물었어요.

"당신은 미래 세대에게 어떻게 기억되고 싶은가요?"

"나는 진실을 절대 포기하지 않고, 양심에 따라 살았던 사람으로 기억되고 싶습니다. 그리고 '용기 있는 여성'으로 기억되고 싶어요. 용기란 고립된 자아 안에 있는 게 아니거든요. 용기는 사람들과 연대 속에서 만나게 되는 배려와 같습니다.

사람들은 나를 활동가라고 부르는데 내가 가장 중요하게 여기는 것은 마음이에요. 양자 이론과 칩코를 연결했던 제 생각들이 내가 미래 세대에게 남기는 유산으로 여겨졌으면 좋겠어요. 바로 이러한 연결 속에 새로운 힘이 있거든요. 힘은 획일성을 향해 강압적으로 받아들이는 게 아니라, 연대를 위해 자유롭게 합류하는 데서 나옵니다.

저는 또한 내 아들의 어머니로 기억되고 싶습니다. 타밀나두에서 살았을 때, 몇몇 여성들이 내게 달려와 해안 파괴에 반대하는 시위자들이 체포됐다고 말했어요. 나는 곧장 그곳으로 달려갔고 시위대 맨 앞에 섰죠. 그때 나는 가장 취약한 사람들을 위한 우산이 되었다고 느꼈어요. 마치 아이를 위해 나선 엄마 같은 심정이었지요. 제가 엄마로 살며 배운 것입니다. 이렇게 나는 기꺼이 어머니로 기억되고 싶습니다."

반다나 시바 같은
환경 운동가를
꿈꾼다면

환경 운동가에
대하여

산업화로 인한 무분별한 개발과 자연 파괴가 기후 변화라는 재앙으로 돌아와 우리를 위협하고 있어요. 이런 상황에서 생태 보존의 가치를 알리고 자연과 인간의 공존을 실천적으로 모색하는 환경 운동가의 역할은 더욱 중요해졌어요. 환경 운동가가 되기 위한 방법을 함께 알아볼까요?

환경 운동가의 역할은?

환경 운동가는 다양한 환경 문제를 파악하고, 원인을 찾아내고, 해결을 위해 교육과 실천을 벌입니다. 정부의 정책이나 기업의 활동을 감시하기도 하지요. 다양한 환경 정책을 만들고, 여론을 조성해 환경에 유해하다고 판단되는 정부의 정책이나 기업의 활동을 막기도 해요. 환경 문제에 대한 해박한 지식과 일관성 있게 실천하는 행동력도 필요하답니다.

환경 운동가가 되려면?

환경 운동가가 되기 위한 특별한 자격 조건은 없어요. 갈수록 시민 단체의 활동이 전문화되면서 환경 운동가들의 전공 분야도 사회학이나 정치학, 법학, 환경 공학 등 다양해지고 있어요. 환경 운동 단체에서 자원봉사 활동을 하거나 대학생 인턴십 프로그램에 참여해 보세요. 다양한 경험을 쌓으며 환경 운동에 대한 지식을 쌓는 것도 환경 운동가가 되는 데 많은 도움이 돼요.

대학교에서 환경 분야를 공부하고 싶다면?

환경 문제는 아주 시급하고 중요한 문제인 만큼, 문제를 해결할 수 있는 전문가와 수많은 직업군이 요구되는 분야이기도 해요. 따라서 대학에서도 환경 분야에 관한 다양한 교육들이 이뤄지고 있어요.

반다나 시바 같은 환경 운동가를 꿈꾼다면

환경공학과

물, 공기, 땅이 오염된 지역을 정화하는 등 환경 문제를 해결할 방법에 대해 연구하는 학과예요. 서울시립대학교, 충북대학교, 군산대학교, 순천대학교, 전북대학교, 건국대학교, 조선대학교, 공주대학교, 대구대학교 등에 개설되어 있어요.

녹지환경학과

조경과 산림 분야, 그리고 공간 디자인 영역을 학문으로 발전시킨 학과예요. 유사한 학과들로는 건국대학교 녹지환경계획학과, 강원대학교 생태조경디자인학과, 서울시립대학교 도시과학대학 조경학과, 서울대학교 산림과학부 산림환경학과 등이 있어요.

환경보건학과

지역 사회와 국민들의 건강을 위해 지속적으로 환경을 관리하는 것에 대해 배우는 학과예요. 고려대학교, 순천대학교, 용인대학교, 충남도립대학교 등에 개설되어 있어요.

보다 편리한 삶과 부의 축적을 가능하게 한 산업화 열풍 뒤에는 환경 오염, 인간 소외 같은 문제들이 있어요. 환경 운동은 성장과 개발에 집착하는 국가 권력과 거대 기업에 맞서 자연 파괴를 멈추게 하는 것에서 시작했어요.

앨 고어 Albert Arnold Gore(1948 ~)

앨 고어는 미국 제45대 부통령이자 환경 운동가예요. 대학 시절부터 환경 운동에 관심이 많았던 그는 하원 의원 시절에 의회 역사상 최초로 환경 청문회를 열었어요. 그리고 상원 의원과 부통령을 지낼 때는 '리우 회의' 등 국제 환경 회의를

반다나 시바 같은 환경 운동가를 꿈꾼다면

주도했어요. 2000년 대선에서 낙선한 후에는 환경 운동에 전념해 전 세계를 다니며 지구 온난화의 위험을 경고하는 강의를 1천 회 이상 열기도 했어요. 그의 강연을 바탕으로 2006년에 만들어진 다큐멘터리 영화 〈불편한 진실〉과 그의 저서가 큰 인기를 얻으면서 많은 사람들이 환경 문제에 관심을 갖게 되었어요. 그 이후 앨 고어는 환경 문제의 심각성을 교육하는 'NGO 단체 기후 프로젝트(The Climate Project, TCP)'를 설립했어요. 그는 환경 문제를 널리 알리고, 지구온난화를 막기 위한 활동을 한 공로를 인정받아 2007년에 노벨평화상을 받았어요.

어빙 스토 Irving Stowe(1915~1974), 도로시 스토 Dorothy Stowe(1920~2010)

어빙 스토와 도로시 스토는 부부 환경 운동가예요. 1970년경 미국 정부가 알래스카 서부의 화산섬인 암치트카(Amchitka)에서 지하 핵 실험을 하고 있다는 소식을 듣고, 그것을 막으려 나서면서 환경 운동을 본격적으로 시작했어요. 그들은 핵 실험을 반대하는 단체를 조직하고 시위를 벌이며 적극적으로 대중들에게 핵 실험의 위험성을 알렸어요. 결국 미국 정부는 핵 실험을 중단했고, 암치트카 지역을 조류 보호 지역으로 지정했습니다. 스토 부부와 동

반다나 시바, 상처받은 지구를 위로해

료들이 조직한 핵 실험 반대 단체는 훗날 핵무기 반대와 환경 보호를 위해 국제적인 활동을 펼치는 환경 단체 '그린피스'의 뿌리가 되었어요.

그린피스 **GREENPEACE**

1979년에 조직된 그린피스는 1985년 7월에 일어난 '레인보우 워리어호 (Rainbow Warrior)' 폭발 사건을 계기로 크게 알려졌어요. 히로시마 원자 폭발 40주년인 8월 6일, 그린피스 활동가들은 그린피스의 배 '레인보우 워리어호'를 타고 프랑스 핵 실험 기지인 폴리네시아의 모루로아 환초 일대를 시위 항해할 예정이었어요. 그런데 뉴질랜드의 오클랜드항에 정박해 있던 레인보우 워리어호가 갑자기 폭발하면서 침몰했고, 이로 인해 탑승해 있던 포르투갈 사진가 F. 페레이라가 사망했어요. 뉴질랜드의 항구에서 국제 환경 단체가 테러를 당하자 뉴질랜드 정부는 분노했어요. 조사 결과 프랑스 정보 기관의 소행임이 밝혀졌지요. 결국 C.에르뉘 프랑스 국방 장관이 사임하고 프랑스는 뉴질랜드에 650만 달러를 배상했어요. 그리고 그린피스는 배 두 척을 보내 핵 반대 시위를 일정대로 진행했습니다.

이후 그린피스는 미국과 구소련 등 국가 권력과 계속 맞서 싸웠어요. 핵무기 실험장에 조각배를 타고 들어가는가 하면, 고무보트를 타고 소련 포경선과 고래 사이를 오가며 고래잡이를 방해하고, 포경의 잔혹성을 적극적으로 알려 포경을 금지하도록 만들었어요. 또한 1993년 러시아가 방사물 폐기물을 우리나라 동해에 몰래 버리려고 할 때도 고무보트를 타고 화물선 가까이에 접근해 떨어지는 폐기물통을 몸으로 막는 등 적극적으로 대응했지요.

반다나 시바 같은 환경 운동가를 꿈꾼다면

세계의 환경 운동사

18세기 산업 혁명 이후 개발과 성장이라는 환상은 세계를 움직이는 원동력이 되었어요. 인간은 천연자원을 마르지 않는 샘을 쓰듯 사용했고, 그 결과 산과 바다, 땅은 파괴되었죠. 환경 오염이 자연과 사람에게 끼치는 피해를 겪으며 환경 운동은 시작됐어요.

영국의 환경주의

18세기 영국에서 산업 혁명이 시작되었어요. 국민 소득 증가로 이어진 산업 혁명 열풍은 유럽 전역으로 퍼졌는데요. 하지만 누구도 예상치 못한 산업 혁명의 부작용이 있었어요. 바로 대기 및 수질 오염, 그리고 도시 곳곳에 쏟아지는 쓰레기와 악취였어요. 19세기 초 세계 최대 무역항이었던 런던은 수질·대기 오염이 심

반다나 시바, 상처받은 지구를 위로해

각했고, 1854년 무렵 수질 오염으로 인한 콜레라 사망자는 5만여 명에 이르렀어요. 국민들의 고통이 이어지자 당시 영국 사회에는 '환경주의'를 주장하는 이들이 많아졌어요. '건강하고 쾌적한 환경을 원한다'는 주장을 담은 환경주의가 등장한 후에도 오랫동안 영국 정부와 의회는 방지책을 마련하지 않았어요. 1876년에 이르러서야 하천 오염 방지법을 제정했답니다.

세계 최초의 환경 운동, 미국 서부 개척 시대에 시작되다

환경 운동이 처음 시작된 건 19세기 말 미국 서부 개척 시대였어요. 그 당시 서부 개척이 한창이던 미국에서는 농장과 목장, 광산 개발 때문에 환경 파괴가 심각한 수준이었어요. 서부 지역을 여행하던 식물학자 존 뮤어(John Muir)는 있는 그대로의 자연의 가치를 깨닫고 시에라 클럽(Sierra Club)을 설립했어요. 1892년 무분별한 금광 개발로 서부의 산림 지대가 훼손되자, 시에라 클럽은 자연의 경이로움과 아름다움을 알리는 활동을 시작했고, 국립공원 설립에 힘썼어요. 이후 미국 초대 산림 청장을 지낸 기포드 핀초와 제26대 대통령 시어도어 루스벨트는 국토의 3분의 1

반다나 시바 같은 환경 운동가를 꿈꾼다면

을 연방 정부 소유로 만들어 기업 차원의 무차별적인 개발을 막았
어요.

환경 운동의 열풍을 가져온 《침묵의 봄》

미국 해양 생물학자인 레이철 카슨은 1962년
《침묵의 봄》을 출간했어요. 합성 살충제와 제
초제 등 화학 물질의 위험성을 고발한 카슨의
책을 보고 세상은 충격에 빠졌어요. 레이철 카
슨은 농약이나 살충제로 인한 환경 오염이 심
각해지면 봄이 와도 새의 지저귐을 더 이상 들을 수 없을 것이라
고 책을 통해 경고했어요. 이는 전 미국 사회에 생태계 파괴와 환
경 재앙의 위험을 충분히 느끼게 해 줬고, 환경 운동 열풍을 불러
왔어요. 《침묵의 봄》이 발간된 이후, 그녀는 화학 업계의 위협과
정부의 압박에 시달려야 했어요. '카슨은 전문적인 과학자가 아니
다', '카슨의 문제의식은 여성이 부리는 히스테리' 등의 비난을 받
기도 했어요. 하지만 카슨은 굴하지 않았고, 결국 1969년 미국 국
가 환경 정책법 제정과 1970년 '지구의 날(4월 22일)' 제정, 1992년 '리
우 선언'에 큰 영향을 주게 됩니다.

　최초의 환경 운동이 서부 지대에서 벌어지는 동안 정작 쓰레기와 공해, 수질 오염으로 몸살을 앓고 있던 산업 도시는 잠잠했어요. 물질적 풍요를 위해 환경 오염 정도는 참아야 한다는 인식이 만연했기 때문이에요. 하지만 1943년, 미국 LA를 뒤덮은 광화학 스모그 사건, 1948년 펜실베이니아주 도노라시에서 발생한 대규모 스모그 현상, 그리고 1969년 오하이오주 클리블랜드 쿠야호가강의 수면에 떠 있던 기름에 불이 붙어 다리 7개가 불탄 쿠야호가강 사건을 겪으며 시민들은 환경 오염의 위험성을 아프게 깨달았습니다.

1969년 불붙은 쿠야호가강

반다나 시바 같은 환경 운동가를 꿈꾼다면

우리나라 환경 운동의 시작과 주요 사건들

　지금은 많은 사람들이 자연과 인간이 공존하기 위해서는 자연을 보호해야 한다는 것에 공감해요. 하지만 불과 몇십 년 전만 해도 인간을 위해 자연을 훼손하는 것을 당연하게 여기는 인식이 많았어요. 산업 개발이 우리의 삶을 행복하게 만들어 줄 거란 믿음이 팽배했던 1980년대에 한국의 환경 운동은 시작됐어요.

환경 운동의 시작 '한국공해문제연구소'

　독재 정권이 민주화 운동을 탄압하고 대규모 공해 산업과 개발 위주의 경제 정책만을 추진하던 1970년대, 환경 운동의 씨앗이 된 한국공해문제연구소를 세운 최열을 비롯한 활동가들이 나서서 공해의 위험성을 지적했어요. 하지만 당시는 공해 문제를 알리는 것을 반정부 활동이라 간주했던 정부 때문에 시민 주도의 환경 운동은 혹독한 탄압을 받아야 했어요. 시민 차원의 환경 운동 조직체가 구성된 것은 1982년 5월 '한국공해문제연구소'가 시작되면서부터인데요. 환경 운동에 관심 있는 청년들과 민주화 운동에 참여한 이들이 만든 '한국공해문제연구소'를 당시 전두환 정권은 불순 단체로 간주하고 각종 정보 기관을 통해 해체할 것을 강요했어요.

공해 문제의 대명사 '온산병'

1980년대 초, 울산 온산 공단에서 시작된 온산병은 우리나라 공해 문제의 대명사로 불릴 만큼 환경 운동사에서 중요한 사건이에요. 온산병은 구리와 아연, 알루미늄 등 비철금속을 다루는 온산 공단이 종합 공업 단지로 탈바꿈하면서부터 시작되었어요.

정부가 공업 단지 개발을 위한 종합 계획도 없이 우후죽순으로 공장을 세우는 바람에 온산 주민 대부분이 이주 계획도 세우지 못하고 공단 근처에 살아야 했어요. 그러던 중 1983년부터 주민들에게 허리와 팔다리 등 전신이 쑤시고 아픈 증세가 나타났어요. 1985년에는 지역 주민 천여 명이 전신 마비 증상을 보였어요. 한국공해문제연구소는 정부의 협박에도 불구하고 온산·여천 지역 공해 조사를 실시했고, 그 지역 주민들이 '이타이이타이병(일본에서

반다나 시바 같은 환경 운동가를 꿈꾼다면

처음 발생한 4대 공해병 중 하나)의 초기 증세와 비슷한 병을 앓고 있다.'
라고 발표했어요. 이 발표를 통해 한국공해문제연구소는 언론의
조명을 받으며 공해 문제를 본격적으로 알리게 됐습니다.

그 이후 온산 지역 주민들은 11개 공해 배출 업체를 대상으로
손해 배상 청구 소송을 제기해 인체 피해 위자료, 농작물 피해 보
상금 지급 판결을 받음으로써 우리나라에서는 처음으로 공해 피
해에 대한 법원의 구체적인 인정을 받아 냈어요.

낙동강 페놀 오염 사건

영화 〈삼진그룹 영어토익반〉을 통해서도 재조명된 낙동강 페
놀 오염 사건은 구미 공업 단지 내 두산 전자에서 1991년 3월 14일
과 4월 22일 페놀 30여 톤과 1.3톤을
낙동강에 방류한 사건이에요. 대구 지
역 상수원인 다사 취수장으로 유입된
페놀이 염소를 이용한 정수 처리 과정
에서 클로로 페놀로 변하면서 악취를
유발한 것이었어요. 당시 대구 시민들
은 수돗물에서 냄새가 난다고 신고했
지만, 원인 규명에 소홀했던 취수장에

페놀로 오염된 낙동강

서는 다시 염소 소독제를 다량 투하해 사태를 더욱 악화시켰어요. 낙동강을 타고 밀양과 함양, 부산까지 번진 페놀 사태는 1천만 영남 지역 주민들을 페놀 오염 수돗물로 고통을 겪게 한 전대미문의 사건이었어요. 환경 문제가 우리 생활에 얼마나 큰 영향을 미칠 수 있는지 전 국민에게 일깨워 준 사건으로 환경 단체 형성에 영향을 끼치게 됩니다.

굴업도 핵 폐기장 건설 백지화와 반핵 운동

전 인류를 한순간에 공멸하게 할 수 있는 핵 문제는 한국 환경 운동에서 중요한 사안이에요. 1994년 굴업도 핵 폐기장 건설 백지화 운동은 한국 환경 운동이 이룬 큰 업적 중 하나로 꼽혀요. 지금은 인천의 굴업도가 백패킹의 성지이자 자연환경이 아름다운 섬으로 알려져 있지만, 1994년에 정부는 비밀리에 굴업도에 핵폐기장 건설을 준비하고 있었어요. 천혜의 자연환경을 지키고자 굴업도 주민과 환경 단체가 모여 결사적으로 반대 운동을 벌였어요. 그러던 중 주민 1명이 사망하고 지역 주민과 환경 연합 활동가들이 구속됐어요. 결국 정부는 1995년에 굴업도 핵 폐기장 건설을 취소하였습니다.

반다나 시바 같은 환경 운동가를 꿈꾼다면

시화호는 1987년 농어촌진흥공사가 바다였던 안산시 대부남동 지역에 방조제를 설치하고 간척 사업을 벌이면서 생긴 인공 호수예요. 그런데 1994년에 시화호 방조제가 완성된 이후, 문제가 발생했어요. 1995년 시화 간척지의 소금과 퇴적물이 바람에 날려 화성군과 대부도 일대의 포도 등 농작물에 피해를 입혔어요. 그리고 이듬해인 1996년에는 공장 폐수 및 생활 폐수가 시화호로 흘러 들어 수십만 마리의 물고기가 죽었어요.

폐수로 인해 오염된 채 고여 있던 시화호는 회생 불가해 보였어요. 하지만 한국수자원공사가 조력 발전소를 건설하여 바닷물을 유통시키고 상류에 오염된 물을 정화할 인공 습지를 설치하면서 수질이 개선되었어요. 지금은 인공 습지의 갈대와 수중 식물들이 하천물을 정화하고, 시화호에는 희귀조인 저어새를 비롯해 조류, 식물, 포유 동물 등 410여 종의 동식물이 살아가고 있어요.

반다나 시바, 상처받은 지구를 위로해

친환경 도시

친환경 도시는 지속 가능한 생태 환경을 도시 차원에서 만들어 보자는 취지에서 시작됐어요. 생물의 다양성을 복원하고 자원을 절약해 지속 가능한 발전을 추구하는 도시들을 살펴볼까요?

세계 최초의 솔라 시티, 프라이부르크

인구 20만의 독일 소도시 프라이부르크는 1970년 반핵 운동을 계기로 세계적인 친환경 도시가 되었어요. 독일 정부가 프라이부르크에서 20킬로미터 떨어진 곳에 핵 발전소 건설을 추진하자 주민들은 반대 운동을 벌였고, 세계 최초로 원전 건설 계획을 무산시켰어요. 프라이부르크 시민들은 원자력 발전의 대안으로 1979년에 태양광 패널을 설치했어요. 프라이부르크는 1인당 태양광 발전 장치가 가장 많은 도시가 되었어요. 프라이부르크는를 환경 도시로 만든 또 다른 주역은 자전거예요. 프라이부르크 시에서는 교통수단 중 자전거 이용률이 50퍼센트가 되도록 자전거 전용 주차장 및 도로를 만들어 자전거 사용을 장려하고 있어요.

오염된 도시에서 숲으로 부활한 경기도 안산시

작은 어촌 마을이었던 안산시는 1970년대 후반 반월 공단이 들어서면서 산업 도시가 되었어요. 인구가 늘고 도시는 성장했지만, 갯벌과 습지가 훼손되고 공해 도시로 이미지가 실추되는 결과를 낳았어요. 안산시가 숲의 도시로 변하기 시작한 건 2015년부터예요. 우리나라에 자생하는 나무들로 가로수를 심고 안산 초입부터 숲을 만드는 한편, 도심 곳곳 자투리땅에 야생화나 나무들을 심어 쌈지 공원을 만들었어요. 현재는 대부도에 에너지 타운을 세우고 신재생 에너지로 운영되는 산업 특구를 조성했어요. 또한 경기도 최초로 수소 버스 운행을 시작하는 등 친환경 에너지 도시 조성을 위해 노력하고 있어요.

반다나 시바 같은환경 운동가를꿈꾼다면

우리나라의 환경 운동 단체

다양한 환경 문제에 대응하며 연구와 홍보, 교육으로 시민들과 함께 환경 운동에 앞장서는 단체들이 있어요. 때로는 정부나 기업들에 맞서 환경 정책을 개선해 나가는 시민 환경 단체들을 함께 알아보아요.

환경운동연합 kfem.or.kr

1993년에 창립된 환경 운동 단체예요. 1970년대부터 공해 문제에 뛰어들었던 활동가들과 단체들이 1988년에 통합하여 출범한 '공해추방운동연합'을 뿌리로 하고 있어요.

시화호 살리기, 동강댐 저지, 핵 폐기장 저지 등 한국의 환경 오염 사건, 환경 보호 투쟁에 함께했고, 국경이 없는 환경 문제를 다루기 위해 해외 단체들과의 연대도 활발히 하고 있어요. 전국에 54개의 지역 조직이 있고, 여러 전문 기관과 협력 기관들을 두고 있습니다.

1999년에 문을 연 '여성환경연대'는 에코페미니즘 관점에서 환경 운동을 하는 시민 단체예요. 플라스틱 사용 저감과 제로웨이스트 문화 확산에 힘쓰고, 사람과 지구별 모두 건강한 사회를 만들기 위해 노력하고 있어요. 4대강 사업, 밀양 송전탑 건설 등 환경을 외면한 대형 개발 사업 반대 운동에도 적극 나섰어요.

1991년에 창립한 환경 운동 단체예요. 백두대간과 DMZ를 보전하고 야생 동물과 그들의 서식지를 지키는 활동을 이어 오고 있어요. 시민들의 후원으로 운영하고 전국에 2만여 회원과 함께해요. 교육, 법률, 정책, 출판을 위한 전문 기구를 두고 있어요. 기후위기와 에너지 전환 활동에도 무게를 두고 활발한 활동을 벌여요.

반다나 시바 같은 환경 운동가를 꿈꾼다면

‘환경정의’에서는 용인 난개발°과 팔당 상수원 난개발 대응, 경인 운하 개발 사업 반대, 내셔널트러스트 운동°도입 등의 활동을 해 오고 있어요. 최근에는 기업의 사회적 책임을 높이고 어린이들이 환경 문제에 적극적으로 나설 수 있도록 제도화하는 아동 환경권 확보 운동을 펼치고 있어요.

녹색소비자연대 gcn.or.kr

1996년에 설립한 ‘녹색소비자연대’는 소비자의 권리를 보호하고 환경을 고려하는 소비 생활을 실천하는 단체예요. 소비자 네트워크를 만들고 청소년을 대상으로 친환경 소비를 촉진하는 녹색 학교를 운영하고 있어요. 또한 식품 안전을 해치고 유전자 조작 식품을 판매하는 기업에 대한 소비자 권리 확보, 소비자 보건 의료 등을 통해 소비자들이 보다 친환경적인 환경에서 살아갈 수 있도록 돕고 있어요.

● **난개발** 종합적인 계획 없이 이뤄져 산림 등 자연을 훼손하는 무차별적인 개발을 의미해요.
● **내셔널 트러스트 운동** 시민들의 자발적인 기부를 통해 보존 가치가 높은 자연환경이나 문화 유산을 확보한 후, 시민 소유로 영구 보전하고 관리하는 시민운동이에요.

모으면 답이 생기는 플라스틱 이야기

현재 바다에 있는 플라스틱 쓰레기는 1.5억 톤, 매년 바다에 버려지는 플라스틱 쓰레기는 800만 톤이라고 해요. 한때는 혁신적인 물품이었던 플라스틱이 환경 오염의 주범이 된 요즘, 플라스틱을 모으고 색다른 해결법을 모색하는 이들이 있어 소개합니다.

플라스틱 조각이 새롭게 탄생하는 곳 '플라스틱 방앗간'

우리가 분리배출한 플라스틱은 PET, PE, PP로 구분한 뒤 재질과 종류에 따라 재활용 여부를 결정하게 돼요. 문제는 너무 작은 플라스틱 조각은 재활용이 어렵다는 점이에요. 그런데 작은 플라스틱 쓰레기를 모아 새로운 물건으로 탄생시켜 주는 곳이 있어요. 바로 '플라스틱 방앗간'이에요. 곡식을 빻아 주는 방앗간처럼 플라스틱 방앗간에서는 시민들이 가져온 플라스틱을 색과 재질별로 분류한 뒤 분쇄해서 튜브 짜개, 비누 받침, 카라비너, 마스크 훅 등 일상에서 사용하는 물건들로 만들고 있어요.

미생물로 폐플라스틱 재활용률을 높인 기업 '리플라(RE:PLA)'

분리배출된 플라스틱의 실제 재활용률은 20~30퍼센트 정도라고 해요. 흔히 생수병과 요구르트병, 세제 통을 같은 플라스틱이라고 생각하고 함께 배출하지만, 모두 다른 재질이라 함께 배출되면 재활용 가치가 떨어져요. 다양한 플라스틱을 혼합해 만든 플라스틱 제품 역시 재활용이 어려워요. 그래서 사회적 기업 '리플라'는 플라스틱의 순도를 높일 방법을 찾았는데요. 바로 미생물이 답이었어요. 다양한 재질의 플라스틱을 넣으면 미생물이 특정 재질의 플라스틱만 먹어 없애는 바이오 탱크를 개발했어요. 이를 통해 폐플라스틱의 재활용률을 높이고, 플라스틱으로 인한 환경 문제를 해결하려고 노력하고 있어요.

반다나 시바 같은 환경 운동가를 꿈꾼다면

환경 이야기를 담은 책들

    지속 가능한 지구는 자연과 인간의 공존에서 시작됨을 알리고 청소년들이 환경 문제에 관심을 갖도록 환경 이야기를 쉽게 풀어 낸 책들을 소개합니다.

《지구를 망치는 기후 악당을 잡아라!》

모니크 페르묄런·프랑크 폴렛 지음 | 유르헌 발스홋 그림 | 정신재 역 | 조천호 감수 | 토토북

    기후 문제는 당장 눈에 보이지 않기 때문에 사람들은 종종 이를 외면하거나 부정해요. 하지만 장마, 산불, 태풍이 이어지는 것뿐만 아니라 멸종, 곡물값 폭등 등 일상 생활에서 '기후 위기'로, '기후 재앙'으로 깊숙히 영향을 미치고 있어요.

기후 변화 해결은 쉽지 않은 문제이지만 결코 포기할 수 없지요. 이 책은 기후 변화에 대하여 우리가 꼭 알아야 할 진실과 기후 변화에 대응하는 방법을 어린이·청소년 세대의 목소리로 이야기해요. 그리고 기후 변화에서 벗어나는 것이 멋진 세상을 만들고 좋은 삶을 사는 것임을 깨닫게 해 줍니다. 기후 변화에 관해 기초 지식부터 실천 방법까지 두루 다루고 있어요.

《환경과 생태 쫌 아는 10대》

최원형 지음 | 방상호 그림 | 풀빛

과학 교양 시리즈 〈과학 쫌 아는 10대〉 중 《환경과 생태 쫌 아는 10대》 편에서는 환경과 생태 문제를 다루고 있어요. 생수병과 컵라면, 핸드폰 등 생활용품을 소비하는 장면을 포착해 우리가 쉽게 소비하는 물건이 지구 환경에 어떤 영향을 미치는지를 알려 주고 있어요. 원시림이 사라지고, 바닷속 고래가 플라스틱으로 배를 채우고 있는 현실, 전자 폐기물로 고통받는 제3세계 국민들의 이야기가 담겨 있어요.

또한 환경 문제를 해결하기 위해 현시점에서 국가, 기업, 개개인이 각자의 위치에서 해야 할 일, 책임에 대해서도 구체적으로 언

반다나 시바 같은 환경 운동가를 꿈꾼다면

급하고 있어요. 환경 문제에 대한 죄책감에 빠져 시간을 낭비하기 보다는 더 나은 미래를 위한 행동을 실천하는 것이 현실을 바꾸는 가장 빠른 방법임을 제시하고 있답니다.

《과학을 달리는 십 대: 환경과 생태》

소이언 지음 | 우리학교

바다거북의 코에 꽂힌 빨대, 고래 배를 가득 채운 쓰레기는 환경 문제가 우리의 삶과 밀접한 관련이 있음을 깨닫게 해 주었죠. 그로 인해 제로 웨이스트, 탈(脫) 플라스틱 등 환경 문제 해결을 위한 실천에 관심을 갖는 청소년들도 부쩍 많아졌어요.

〈과학을 달리는 십 대〉 시리즈는 청소년이 알아야 할 기본 과학 이슈들을 담은 책으로 그중 《환경과 생태》 편에서는 탄소 중립, 그린 뉴딜, 에너지 전환, 기후 행동, 탈 성장 등 주요 환경 이슈에 대해 쉽게 이야기해 주고 있어요. '에코백과 텀블러가 환경을 망친다고?', '플라스틱이 환경을 파괴한다면서 플라스틱 단열 창틀은 친환경적이라고?' 등 상식을 뒤집는 질문과 답변들로 구성되어 있어요.

반다나 시바, 상처받은 지구를 위로해

《청소년을 위한 환경 교과서》

클라우스 퇴퍼·프리데리케 바우어 지음 | 이수영 옮김 | 사계절

자연과의 공존보다는 개발을 위한 환경 파괴, 정복을 택한 기성세대의 선택으로 환경 문제는 미래 세대에게 피할 수 없는 중대한 과제가 되었어요. 《청소년을 위한 환경 교과서》는 다양한 국제 경험과 지식을 가진 저자가 최근 100년간 일어난 환경 문제를 미래 세대에게 물려줄 수밖에 없는 죄스러움을 담아 집필한 환경 교과서예요. 지구촌에서 벌어지고 있는 환경 문제들을 '물의 위기', '사라지는 숲', '바다의 황폐화', '쓰레기 문제', '기후 변화' 등의 주제로 나눠 세세하게 다루고 있어요.

반다나 시바 같은 환경 운동가를 꿈꾼다면

"지구는 내가 지킨다!" Z세대 환경 운동가들

기후 변화 위기가 체감되는 요즘, 어른 세대의 방식을 따르기보다는 자신만의 플랫폼을 구축하고 목소리를 내는 십 대 환경 운동가들이 있어요. 지금 이 순간 기후 변화 문제를 직시하고 적극적인 활동에 나서고 있는 Z세대 환경 운동가들을 함께 만나 볼까요?

"기후를 위한 학교 파업을 합니다!"

그레타 툰베리 Greta Thunberg

스웨덴의 환경 운동가 그레타 툰베리는 Z세대 환경 운동의 상징적인 인물이지요. 2011년, 기후 변화에 대해 처음 듣게 된 여덟 살의 그

레타는 심각한 상황인데도 왜 사람들이 아무것도 하지 않는지 의문이었어요. 2018년 여름, 262년 만에 찾아온 스웨덴의 폭염과 산불을 겪으면서 그레타는 환경 운동에 나섰어요. '기후를 위한 결석 시위(School Strike for Climate)'라고 적힌 피켓을 들고 시위를 벌였고, 이는 전 세계 수백만 학생들이 기후 재앙에 반대하며 매주 금요일 등교를 거부하는 운동으로 이어졌어요. 2019년 미국 뉴욕에서 열린 UN 기후 행동 정상 회의에 참석한 그레타는 "세계 지도자들이 온실가스 감축 등 각종 환경 공약만 내세울 뿐 실질적 행동은 하지 않고 있다."라며 비판했어요. 또한 "생태계가 무너지고 있는데 어른들은 돈과 영원한 경제 성장이라는 동화 같은 얘기만 늘어놓는다."라면서 부를 좇아 생태계를 무너뜨리고, 그 책임은 방관하는 기성세대를 향해 일침을 가하기도 했어요.

반다나 시바 같은 환경 운동가를 꿈꾼다면

홀리 소프 Holly Thorpe

미국 플로리다주 마이애미 데이드 카운티에 사는 중학생 홀리 소프는 "환경 운동은 나에게 단순한 취미 활동이 아닌 열정"이라고 말하는 환경 운동가예요. 과학 발표 주제를 '학교 버스의 이산화탄소 농도 측정'으로 정한 홀리는 100밀리리터 주사기로 학교 버스의 안팎, 정류장의 공기를 모아 이산화탄소 농도를 분석했어요. 그 결과 학교 버스 밖 이산화탄소 농도가 1,000피피엠에 달한다는 사실을 알게 됐지요.

그런데 학생들이 오랜 시간 타고 이동하는 버스 내부는 더 심각했어요. 홀리가 측정한 버스 내부 농도는 미 환경보호청이 정한 기준치의 10배 이상인 무려 5,000피피엠, 장기간 노출될 경우 천식에 걸릴 수 있는 수치였어요. 홀리는 학교와 교육청에 연구 결과를 발표하고 학교 버스를 모두 전기차로 바꿀 것을 요청했어요. 그녀의 연구 결과를 인정한 데이드 카운티 교육 당국은 관내 학교 버스들을 전기차로 바꾸기 시작했어요.

반다나 시바, 상처받은 지구를 위로해

태국에 사는 소녀 릴리 사티타나산은 플라스틱과의 전쟁을 선언한 환경 운동가예요. 여덟 살 무렵 릴리는 가족들과 놀러 간 바닷가에서 많은 쓰레기를 보고 환경 운동을 결심하게 됐어요. 릴리는 사람들이 버린 플라스틱 때문에 바다 생물이 죽어 가는 현실이 안타까웠어요. 그래서 매일 하교 후 기업 콜센터에 전화를 걸어 플라스틱 사용을 줄여 달라고 요청했어요. 기업들은 릴리의 말을 무시하거나 이미 필요한 조치를 취하고 있다는 무성의한 답변만 할 뿐이었어요. 하지만 릴리는 "플라스틱 문제는 모두에게 영향을 끼치는 만큼 일회용 플라스틱 없는 날을 꿈꾼다."라며 더 많은 사람들과 힘을 합쳐 일회용 플라스틱 없는 지구를 만드는 활동을 하고 있어요.

반다나 시바 같은 환경 운동가를 꿈꾼다면

청소년 환경 운동, 실천 가이드

인간의 이기심으로 병든 지구는 더 이상 우리를 기다려 주지 않기 때문에 환경 운동은 지금 당장 시작해야 한다고 Z세대 환경 운동가들은 외치고 있어요. 하지만 어디서 어떻게 무엇부터 해야 할지 막연한 게 사실이죠. 환경 운동에 관심 있는 청소년들을 위해 참여할 수 있는 활동들을 소개합니다.

청소년 환경 단체에 참여하기

청소년기후행동 youth4climateaction.org

2018년 8월 기후 위기를 인식한 청소년들의 작은 모임으로 시작해, 2019년 3월 전 세계 청소년들의 기후 운동 연대인 '미래를 위한 금요일(Fridays For Future)'과 함께 결석 시위를 시작으로 본격적인 기후 대응 활동을 하고 있어요. 청소년 자신들의 목소리와 행동으로 기후 문제를 해결하고, 의미 있는 변화를 만들고자 힘쓰고 있지요. 서울시 교육감과 환경부 장관을 만나 적극적으로 기후 위기에 대응해 달라고 호소하고, 기후 변화에 방관하는 정부를 대상으로 헌법 소원 심판을 청구하기도 했어요.

청소년환경총회 대표단 되기

UN청소년환경총회 unyec.org

유엔환경계획(UNEP)과 공동으로 주최하는 청소년 환경 총회 프로그램이에요. 국내외 청소년들이 각 나라의 대표 자격으로 참석해 유엔 총회 의사 규칙을 바탕으로 모의 유엔 회의를 진행하게 돼요. 회의에 참석한 청소년들은 환경 보전의 필요성에 대해 공감하고 지구 환경 위기를 해결하기 위한 방법을 함께 모색해요. 매년 총회가 열리기 전, 회의에 참여할 대표단을 모집하고 있어요.

환경 관련 대회에 참가하기

덴마크 코펜하겐에 있는 환경교육재단이 주최하는 '국제 청소

반다나 시바 같은환경 운동가를꿈꾼다면

년 환경 미디어 콘테스트'는 전 세계 환경에 관심 있

는 청소년이면 누구나 참여할 수 있어요. 이 대회에

서 청소년들은 다양한 환경 주제에 대해 문제를 살

피고 해결 방법들을 사진, 기사, 영상물 등으로 제작해 환경 문제

를 알리지요. 이외에도 '푸른환경지킴이 활동 보고대회', '글로벌

청소년 환경 에세이 대회', '국립생태원에서 만나는 CAFF(북극동식

물보존) 북극 사진전', '청소년 환경사랑 아이디어 공모전' 등 환경을

주제로 하는 대회들이 많이 있어요. 관심을 갖고 참여해 경험을

쌓아 보세요.

청소년 환경 기자 되기

환경 기자가 되어 환경 문제의 심각성과 환경

보존의 중요성을 글로 알릴 수도 있어요. 인천광역시 환경교육센

터, 시립문래청소년센터, 환경부, 경기도 청소년수련원, 꿈나무

푸른교실 등에서 청소년 환경 기자를 모집하고 있어요. 선발 일정

에 맞춰 지원해 보세요. 기자단으로 활동하지 않더라도 평상시에

《환경일보》 hkbs.co.kr, 《환경신문》 fksm.co.kr, 《제주환경일보》 newsje.

com, 《환경타임즈》 envtimes.co.kr 등의 신문 기사를 읽거나 환경을 주

제로 한 영상들을 보면서 환경에 대한 지식을 넓혀 보세요.

반다나 시바, 상처받은 지구를 위로해

　환경 교육, 쓰레기 처리 현장 견학, 생태 체험, 업사이클링 등 환경에 대한 배움과 탐구를 할 수 있는 환경 학교가 있어요. 시화호환경학교 sihwalake.net, 포항환경학교 pecoschool.net, 제주지속가능환경센터 jejueco.or.kr, 무등산사랑청소년환경학교 mudeungsan.org 등이 바로 그곳인데요. 그중 경기도 화성시에 위치한 시화호환경학교에서는 과거 환경 오염에서 되살아난 시화호의 자연 생태를 활용해 환경 교육을 하고 있어요. 습지 생물 탐사, 시화호의 게 만나기, 일일 생태 조사, 암석 여행 등을 체험할 수 있어요.

　일상에서 작은 것부터 하나씩 환경 보호를 위한 행동을 실천한다면 우리도 생활 속 환경 운동가예요. 쓰레기를 줄이는 제로 웨이스트 활동 등 친환경적인 생활 습관 및 실천에는 어떤 것이 있을지 함께 생각해 보아요.

○ 일회용 플라스틱 빨대 사용하지 않기

○ 재활용률이 높은 라벨 없는 음료수 마시기

○ 대나무 칫솔 사용하기

반다나 시바 같은환경 운동가를꿈꾼다면

○ 난방 온도 2도 낮추고, 냉방 온도 2도 높이기

○ 학용품, 종이 아껴 쓰기

○ 걷거나 뛰면서 길거리 쓰레기 줍기(플로깅/줍깅)

○ 엘리베이터 대신 계단 이용하기

○ 재활용 쓰레기 꼼꼼하게 분리해서 배출하기

○ 냉장고 문은 꼭 필요할 때만 열기

○ 집에서 식물 기르기

○ 나에게 필요 없는 물건은 바꿔 쓰기

○ 가까운 거리는 걷거나 자전거 타기

○ 사용하지 않는 전기 플러그는 뽑기

○ 샤워 시간 줄여서 물 절약하기

○ 모바일 영수증 받기

○ 비닐봉지 대신 에코백 사용하기

환경과 관련된 날들 기념하기

지구를 건강하게 지키기 위해 기념하고, 기억하고, 실천하자는 의미에서 만든 특별한 날들이 있어요. 기념일마다 만들어진 취지와 의도를 생각하며 함께해 보면 어떨까요?

2월 2일, 세계 습지의 날: 습지의 가치와 중요성을 알리기 위한 날.

3월 22일, 세계 물의 날: 유엔이 물에 대한 경각심을 일깨우기 위해 만든 날.

3월 마지막 주 토요일, 지구촌 전등 끄기 캠페인 '어스 아워(Earth Hour)': '세계자연기금'이 주최하는 세계 최대 기후 위기 대응 캠페인으로, 2007년 호주에서 처음 시작됨. 저녁 8시 반부터 9시 반까지 한 시간 동안 전등을 끄는 날.

4월 4일, 종이 안 쓰는 날: 식목일에 나무를 심기 어려운 경우, 하루 동안 종이 사용을 줄여 나무를 심는 것과 같은 효과를 거두고자 만든 날.

4월 22일, 지구의 날: 지구 환경 오염 문제의 심각성을 알리기 위한 날.

6월 5일, 세계 환경의 날: 환경 보존 의식을 키우고 실천을 생활화하기 위해 만든 날.

7월 3일, 일회용 비닐봉지 없는 날: 2008년 스페인의 국제환경단체 '가이아'가 제안한 날로, 세계 각국의 시민 단체가 동참해 비닐봉지 없는 지구를 위한 캠페인을 벌임.

8월 22일, 대한민국 에너지의 날: 우리나라 최대 전력 소비를 기록한 날(2003년 8월 22일)을 기념해 모두 에너지 절약에 동참하자는 취지에서 만든 날.

9월 6일, 자원 순환의 날: 환경부와 한국폐기물협회가 공동으로 지구 환경 보호와 자원 재활용의 중요성을 알리기 위해 만든 날.

9월 22일, 세계 차 없는 날: 1년 중 하루라도 자가용 대신 대중교통을 이용하자는 캠페인. 교통량을 줄여 대기 오염을 줄이고자 프랑스에서 처음 시작함.

9월 25일, 세계 기후 행동의 날: 2018년 그레타 툰베리의 금요일 '기후를 위한 결석 시위'를 보고 전 세계 청소년과 성인들이 거리에서 기후 위기에 강하게 대응해 줄 것을

반다나 시바 같은 환경 운동가를 꿈꾼다면

요구하는 파업을 벌인 것에서 시작된 날.

10월 21일, 세계 지렁이의 날: 쓰레기를 먹고 흙을 비옥하게 해 주는 지렁이에 대한 인식을 높이고자 영국에서 지정한 날.

11월 26일, 아무것도 사지 않는 날: 과소비를 막고 불필요한 물건은 공유하도록 권하고자 지정한 날.

환경 관련 용어 알기

아는 만큼 보이는 법이죠. 환경 관련 기사나 뉴스에 자주 등장하는 용어들을 알아보아요.

5R 운동: Reduce(쓰레기 줄이기), Reuse(재사용하기), Recycle(재활용하기), Refuse(불필요한 물건은 사지 않기), Rot(썩혀서 퇴비 만들기)를 의미함.

프리사이클링(freecycling): free(무료)와 recycling(재활용)이 합쳐진 말로, 나에게 필요 없는 물건들, 헌 옷이나 책 등을 필요한 사람들에게 무료로 주는 것.

업사이클링(upcycling): upgrade(업그레이드)와 recycling(리사이클링)의 합성어. 단순한 재활용을 넘어 디자인과 활용 면에서 더 쓸모있는 제품으로 만드는 것. '새활용'이라고도 부름.

탄소 중립(carbon neutral): 대기 중으로 배출한 이산화탄소의 양만큼 다시 이산화탄소를 흡수해 이산화탄소 배출량을 0으로 만들겠다는 것. '탄소 제로'라고도 함.

반다나 시바, 상처받은 지구를 위로해

탄소 발자국(carbon footprint): 개인 또는 단체가 상품을 생산하고 소비하는 과정에서 발생시키는 온실가스, 즉 이산화탄소의 총량을 의미함.

비치코밍(beachcombing): beach(해변)와 combing(빗질)이 합쳐진 말로, 바다를 빗질하듯이 바다에 떠다니는 물건이나 쓰레기를 주워 모으는 활동.

플로깅(plogging): 스웨덴어 plocka upp(줍다)와 jogging(달리기)이 합쳐진 말로, 조깅하면서 쓰레기를 줍는 행동을 뜻함. 우리나라에서는 '줍깅'이라고도 부름.

제로 웨이스트(zero waste): 쓰레기의 양을 줄이자는 운동.

녹색 성장(green growth): 청정에너지와 자원을 절약하면서 효율적으로 사용해 환경 보호와 함께 경제 발전을 이루는 것.

포스트 플라스틱(post-plastic): 탈(脫) 플라스틱이란 의미로, 플라스틱을 넘어선 사회를 의미함. 플라스틱 사용을 줄이고 플라스틱을 대체할 만한 제품 개발 및 소비 시스템을 만들려는 노력이 필요함.

그린 워싱(green washing): 친환경 제품이 아닌데 친환경인 것처럼 홍보하는 것.

미세플라스틱(microplastic): 5mm 미만의 작은 플라스틱 입자. 치약이나 화장품 원료로 제조되는 '1차 미세플라스틱'과 폐플라스틱이 잘게 부서져 생긴 '2차 미세플라스틱'이 있음. 너무 작아 하수 처리 시설에서 걸러지지 않고 바다와 강으로 흘러들어 우리 밥상에까지 영향을 미치고 있음.

반다나 시바 같은 환경 운동가를 꿈꾼다면

참고 도서

- 《살아남기》 반다나 시바 지음, 솔, 1998
- 《바이오테크 시대》 제레미 리프킨 지음, 전영택·전병기 옮김, 민음사, 1999
- 《누가 세계를 약탈하는가》 반다나 시바 지음, 울력, 2003
- 《물 전쟁》 반다나 시바 지음, 생각의나무, 2003
- 《자연과 지식의 약탈자들》 반다나 시바 지음, 당대, 2000
- 《Violence in the Green Revolution》 반다나 시바 지음, 2011
- 《Earth Democracy》 반다나 시바 지음, 2015
- 《이 세계의 식탁을 차리는 이는 누구인가》 반다나 시바 지음, 우석영 옮김, 책세상, 2017
- 《에코페미니즘》, 반다나 시바·마리아 미스 지음, 손덕수·이난아 옮김, 창비, 2020

참고 영화

- 〈씨앗을 껴안다〉 쓰지 신이치 감독, 2014

온라인 참고 자료

- 나브다냐

  navdanya.org
- 《동아사이언스》

  dongascience.donga.com/news.php?idx=28740
- 《사회진보연대》

  pssp.org/bbs/view.php?board=journal&nid=1765
- 에너지기후정책연구소

  cpi.or.kr/epbrd/bbs/board.php?bo_table=bbs6&wr_id=167&page=19
- 《Dawn》

  dawn.com/news/188006/how-basmati-can-be-protected
- 《EcoWatch》

  ecowatch.com/vandana-shiva-we-must-end-monsantos-colonizationits-enslavement-of-fa-1882075931.html#toggle-gdpr

- FII(Feminism In India)
feminisminindia.com/2019/10/15/vandana-shiva-interview-chipko-movement/
- 《Lobbywatch》
lobbywatch.org/archive2.asp?arcid=6062
- 《Nature》
nature.com/articles/35698
- 《The Ecologist》
theecologist.org/2016/feb/14/footsteps-gandhi-interview-vandana-shiva
- 《The Hindu》
thehindu.com/sci-tech/energy-and-environment/water-wars-plachimada-vs-coca-cola/article19284658.ece
- 《The Indian Express》
indianexpress.com/article/what-is/what-is-the-chipko-movement-google-doodle-5111644/
- 《The Newyorker》
newyorker.com/magazine/2014/08/25/seeds-of-doubt
- 《The Progrssive》
progressive.org/magazine/vandana-shiva/
- 《The Sydney Morning Herald》
smh.com.au/environment/climate-change/sowing-seeds-of-hope-and-change-20101029-177fc.html
- 《Toward Freedom》
towardfreedom.org/story/archives/environment/vandana-shiva-food-sovereignty-need-hour/

반다나 시바 같은환경 운동가를꿈꾼다면

환경 상식 퀴즈

1 세계에서 1인당 플라스틱 소비량이 가장 많은 나라는?

① 미국　　　　　② 한국　　　　　③ 중국

2 전 세계에서 일회용품 중 소비량이 가장 많은 것은?

① 플라스틱 빨대　　　② 종이컵　　　　③ 나무젓가락

3 플라스틱이 자연 분해되는 데 걸리는 시간은?

① 5년　　　　　② 50년　　　　　③ 500년

4 현재 바다에 있는 플라스틱 쓰레기의 양은?

① 800톤　　　　② 1억 톤　　　　③ 1.5억 톤

5 2017년 UN에 의해 정식 국가로 승인된 '쓰레기 섬'이 있는 곳은?

① 대서양　　　　② 태평양　　　　③ 인도양

6 우리나라 국민 1인당 연간 비닐봉지 사용량은?

① 214장　　　　② 314장　　　　③ 414장

7 종이 영수증을 만들기 위해 한 해에 베어지는 나무 그루 수는?

① 약 4천 그루　　② 약 2만 그루　　③ 약 33만 그루

8 다음 중 재활용 가능한 품목으로만 모여 있는 것은?

① 젤 아이스팩, 고무장갑, CD　　　　② 볼펜, 샤프, 칫솔, 전단
③ 양파 껍질, 음식물 묻은 컵라면 용기　　④ 신문지, 과자 상자, 음료수 캔
⑤ 노끈, 종이컵, 슬리퍼, 티백　　　　⑥ 갈색 페트병, 달걀 껍데기

정답 1② 2① 3③ 4③ 5② 6③ 7③ 8④ (나머지는 모두 생활 폐기물)